新しい生徒会

# 「新しい生徒会」の教科書

学校を変え、社会を変えるためのヒント


高橋亮平
西野偉彦
猪股大輝
一般社団法人
生徒会活動支援協会



旬報社

# はじめに

『「新しい生徒会」の教科書』を手に取っていただきありがとうございます。

皆さんは、「生徒会」と聞いてどのようなものを思い浮かべるでしょうか。

多くの人がイメージするのは、文化祭や体育祭などのイベントを企画運営している組織。ボランティア活動や学校のお手伝いなど、先生方をサポートしている人たちの集まり。選挙に当選した人たちで生徒総会などをやっている、といった感じでしょうか。


「生徒会役員」となった皆さんの中には、「生徒会活動を活性化しなければ！」という話を耳にしたことのある人もいるかもしれません。ですが、何をどうすれば、「生徒会活動が活性化した」といえるのでしょうか。

野球でいえば甲子園があり、「日本で最も野球が強い高校は？」と聞かれれば、「この学校か、あの学校かな？」とイメージできるものがあるかもしれませんが、「日本で生徒会活動が最も活発な学校は？」と聞かれて皆さんに思い当たる学校はあるでしょうか。

「活発な生徒会活動」を考える前に、そもそも生徒会とは、誰がどんな目的で作ったものなのでしょうか。日本以外の国にも生徒会はあるのでしょうか。あるとしたら、世界で最も生徒会活動が活発な学校では、どんなことをやっているのでしょうか。

なぜ、日本中のほとんどの学校に生徒会がありながら、それがどういうものか明確に答えられる人が少ないのでしょうか。

その背景には、これまで、生徒会活動の中身が内部の限られた人にしか分からず、外からは見えない何重もの「ブラックボックス」になってきたことがあります。

多くの生徒会は、役員以外の生徒からは何をやっているのか分からない「生徒会役員だけのブラックボックス」です。また、中学校・高校ともに3年間、中高一貫校でも6年間で人が入れ替わり、生徒会役員は長くても2年で交代するケースがほとんどです。そのため、引き継ぎがうまくいかない世代ごとに断絶した「その代のみのブラックボックス」でもあり、さらにほとんどの学校では他校の生徒会活動についての事例を把握することは難しく、「自分の学校だけの「ブラックボックス」にもなっています。

生徒会活動の進め方や内容について、自分の学校のことしか分からず、しかも役員になった人しか分からず、さらに何期か上の先輩がやっていたことも分からない。ということは、ほとんどの学校の生徒会活動は「何をやればいいか分からないまま、なんとなくやっている」ものであり、本質とかけ離れた活動となっていたり、どうすれば生徒会活動が活性化するのか、めざすべき方向すら分からない状況になっているのではないでしょうか。

残念ながら、これまでの日本においては、学校教育や教員養成課程の中で生徒会が必ずしも重視されてきたとはいえませんでした。実際、書店や図書館にはたくさんの教育に関する本が並んでいますが、生徒会を中心に扱った本はほとんどありません。その結果、生徒会の専門知識がある顧問の育成もほぼ皆無であったといえます。

本書は、誰もが目にしていながら、実はその実態や活動内容についてほと

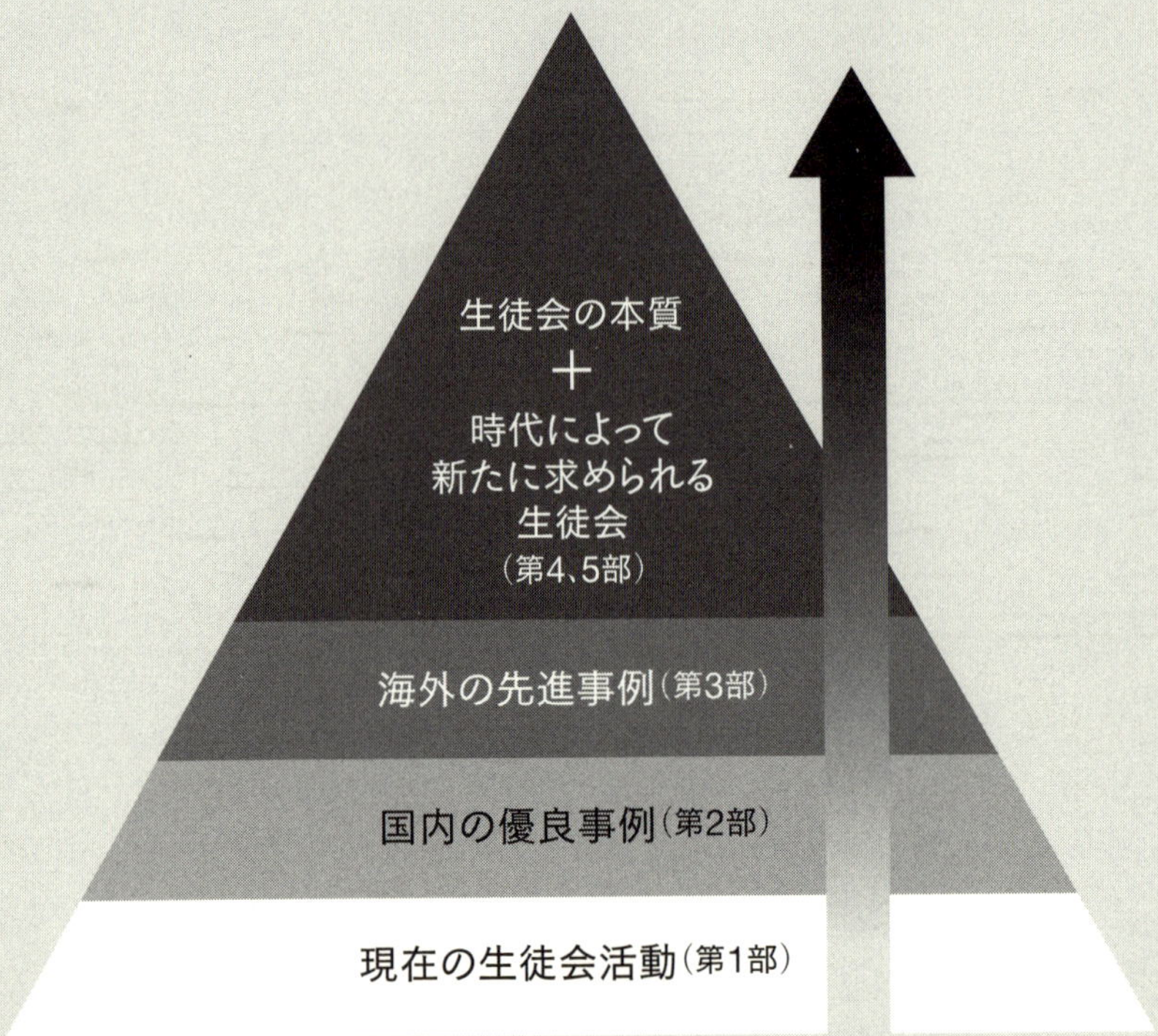


**本書のイメージ**

んど知られていない生徒会について、本質的に求められているもの、変容する社会の中で新たに求められるあり方とその可能性、停滞する中でも工夫し活発に活動する国内優良事例、世界の最前線で行われている先進的な取り組みを紹介していきます。

これらを踏まえ、今後のあるべき生徒会を「新しい生徒会」として位置付け、その活動を「学校内の生徒会活動」と「地域における生徒会等の活動」に分類し、それぞれに特に重要なテーマを取り上げます。

この本が、全国の生徒会がめざすべきビジョンを共有し、日々の活動のステップアップの一助となり、将来、日本の生徒会が世界のモデルとなる第一歩につながれば幸いです。

一般社団法人生徒会活動支援協会　理事長　高橋亮平

〔目次〕

## 第2部　日本全国の優良事例から学ぶ「生徒会」を変えるヒント

# 第3部　世界における「生徒会」の先進事例

# 第5部　これからの時代に求められる「新しい生徒会」とは

# 第1部

# 生徒会って何だ？

本書がめざす「新しい生徒会」を考えるためには、まず生徒会の本質と現状、課題を把握し、それを見直していく必要があります。そもそもなぜ生徒会は全国のどの学校でも取り組まれているのでしょうか？　生徒会とは誰が何のために作ったものなのでしょうか？

第1部第1章では、現状の教育における生徒会の位置付けや、生徒会が設置された経緯などから、生徒会とは本来どういうものだったのかを紹介するとともに、第2章では、生徒会に対する調査データから、現状の生徒会にどういった課題があるのかを紹介していきます。

# 第1章 生徒会ってそもそも何？

## （1）生徒会活動が全国の学校で取り組まれているわけ

生徒会活動は、日本全国のほとんどの中学校や高等学校（高校）で日々取り組まれています。学校を舞台としたアニメや小説などでも生徒会が題材となったり、生徒会役員が登場人物となることはよくあります。このように、日本の学校のイメージの中に生徒会は当たり前のものとして存在しています。

では、なぜ生徒会活動が全国の学校で当たり前のように取り組まれているのでしょうか。

それは、文部科学省が告示する「学習指導要領」の中に、数学や国語などといった他の教科と並んで、生徒会活動についても実施が定められているからです。

学習指導要領とは、学校で行われる授業などの教育活動の基準として、文部科学省が小・中・高など学校段階ごとに10年に一度決めているものです。各学校は学習指導要領を基準としてカリキュラムを作り、教科書会社も学習指導要領の内容に基づいて教科書を作っています。例えば、皆さんが他の学校の友だちと数学や国語の学習内容について話をしても通じるのは、この学習指導要領があるためです。


このうち、生徒会活動については中学校と高校の学習指導要領で内容が定められています。例えば、最新の2017／18年の学習指導要領には、数学や社会といった各教科の他に、「総合的な学習（探究）の時間」「特別の教科 道徳」「特別活動」などについても書かれています。この「特別活動」という項目の中に、「ホームルーム活動（中学校は「学級活動」）」、「学校行事」と並んで「生徒会」も取り上げられているのです。

詳しく見ると、最新の学習指導要領では、生徒会は一部の役員だけでなく「学校の全校生徒をもって組織」されるものであり、「生徒会の組織づくりと生徒会活動の計画や運営」「学校行事への協力」「ボランティア活動などの社会参画」などについて「異年齢の生徒同士で協力」し「自主的、実践的に取り組む」組織として位置付けられています。これらをもとに、全国の学校で生徒会活動が実施されています。

## (2) 生徒会は、戦後すぐに民主的な市民を育てるために導入された

そもそも、生徒会が日本全国の学校に導入されたのは、第二次世界大戦後、日本が連合国軍(GHQ/SCAP)の占領を受けていた時期のことです。

戦前の日本には、現在の高校に当たる旧制中学校や高等女学校に、今日の部活動組織の前身である「校友会」と呼ばれる生徒活動組織がありました。校友会には、各種の運動部や文化部が設置され、生徒が様々な活動に励んでいました。

しかし、校友会は、会長を学校長が、役員を教職員が務める組織であり、校友会の規則の見直しに生徒が関わることはほとんどありませんでした。また、校友会に限らず、学校では目上の人のいうことを聞いて行動することが教えられ、自発的に考えたり、民主的にみんなで話し合って物事を決めたりすることは推奨されていませんでした。

これに対し、戦後になると日本は新たな日本国憲法に基づく民主的な国家として歩み始めます。教育についても、憲法の理想を体現し活動する民主的な市民を育てるべく、アメリカの教育制度や教育理論を参考にした改革が進められました。

例えば、戦前には性別や進路に応じて細かく分かれていた学校が、小学校6年・中学校3年・高校3年というようにシンプルに整備され、男女問わず、すべての子どもが同じ学校で学び、進学する仕組みが作られました。また、民主的な市民を育て、社会を学ぶための科目として、新たに「社会科」が作られました。このように、占領期には、皆さんが通う今日の学校や科目の原型が作られたのです。

こうした戦後改革の一環として、戦前来のアメリカの取り組みを参考に「生徒会」が全国の学校に導入されていきました。生徒会を含む「特別課程活動（今日の「特別活動」）」を学校に導入する目的について、当時、文部省（現在の文部科学省）は次のように説明しています。少し長いですが、今日にも通じる大変重要な箇所なので引用します。

もし学校の機構が独裁的になっていれば、その学校の生徒は民主的生活について何の価値あることも到底学び得ないであろう。〈中略〉公民への教育は、単に政治についての本を読んだり、知識を得るだけでは達せられない。そのためには、生徒は、投票することによって投票ということを学び、実際に指導者を選ぶことによっていかにして指導者を選ぶかを知り、自分たちの事柄を取扱うことによってその取扱い方を学び、責任を与えられることによって責任ということを学ぶ。一言でいえば、なすことによってなすことを学ぶのである。生徒たちがすべてこれらのことを経験するよう保証する責任が学校にある。よい公民となるに必要な資質は、純真な生徒たちが学校の事柄に参与することによってのみ、培わ

れるのである。（文部省『新制中学校・高等学校 望ましい運営の指針』教育問題調査所、1949年、88〜89頁）

引用には、戦後の学校教育に求められた民主的な市民育成を実現するために、まずは学校が民主的になり、そこで生徒が自ら民主的に活動することが必要である、と強く主張されています。

生徒会は、民主的な学校を作り、民主的な市民として育つための経験を与えることを目的に、全校生徒を会員とし、役員を生徒自らが選挙で選び、規則を自分たちの手で作り、学校のいくつかの事柄について実際に責任をもって取り組むような組織として導入されたものだったのです。

戦後直後の生徒会の導入を経て、冒頭で触れた「学習指導要領」には、1951年以降生徒会について書かれるようになり、生徒会活動は全国のほとんどの学校で取り組まれるようになっていました。

こうした歴史的経緯を踏まえると、生徒会は本来、民主的な学校において、生徒自ら組織を作り、実際に責任を持ちながら活動する中で、市民として、主権者としての資質を養うためのものであることが分かります。皆さんの学校や生徒会は、民主的な市民を育てるためのものになっているでしょうか。

# 第2章 生徒会実態調査からみる生徒会のいま

## （1）生徒会形骸化の悪循環——低調な生徒会選挙と生徒の無関心

第1章で見たように、生徒会は戦後、民主的な市民を育てるために、今日でいうところの主権者教育（シティズンシップ教育）のために導入された組織でした。では、生徒会の現状はどうなっているのでしょうか。近年行われた生徒会活動に関する実態調査をもとにすると、当初の目的が形骸化した状況が見えてきます。

まず、民主的な生徒会活動に欠かせない生徒会選挙が低調です。例えば、一般社団法人生徒会活動支援協会が2020年と2023年に東京都内の国公立の高校・中等教育学校全校に質問紙を郵送して行った生徒会活動実態調査（以降：東京都国公立高校調査）では、生徒会長の競争選挙実施率は回答があった27校中5校（2020年）、17校中2校（2023年）のみでした。

この状況は中学校でも同様です。2015年から2016年にかけて千葉市教育委員会が実施した千葉市立中学校全55校を対象に行われた生徒会活動の実態調査（以降：千葉市立中学校調査）では、生徒会長選挙で候補者が複数立候補して行われる競争選挙実施率が55校中4校にとどまったことが明らかになりました。また、生徒会長以外の役職（副会長等）でもほとんど競争選挙は行われていませんでした。

競争選挙が行われない多くの学校では信任選挙が行われます。しかし、信任選挙では生徒たちが実際に投票によって複数の選択肢の中から代表者を選ぶという経験を重ねることはできません。生徒は機械的に立候補者を信任するだけになることも多く、選挙自体の形骸化が進んでいます。

実態調査からは生徒会役員のなり手自体が不足している現状も具体的に明

らかになりました。東京都内の国公立高校で回答のあった大半の学校で、教員による立候補要請（2020年調査で24校中21校）、役職者調整（2020年調査で24校中19校）が行われていました。また、千葉市の中学校でも全体の83・3％で教員による特定生徒への立候補の要請が、64・8％で立候補者の役職調整が行われていました。

もともと関心があった生徒が教員に声をかけられたことをきっかけに役員として意欲的に活動することは多くあります。しかし、実態としては、一般生徒の生徒会活動に対する関心意欲が低く、教員が指導や調整を通じて生徒会をなんとか維持している場合が多いといえます。

さらに調査からは、なんとか役員を集めたとしても、多くの学校では生徒会役員のみが活動に取り組み、役員以外の生徒の活動への関与が不十分な現状が見えてきます。東京都国公立高校調査では、生徒会顧問があげる生徒会の課題の筆頭に「役員以外の生徒の巻き込み」があがっています（30校中17校（2020年）、17校中9校（2023年）が上記課題を回答）（**図表1−1**）。また、千葉市立中学校調査では生徒会顧問の40％前後が「役員以外の生徒の巻き込みがで

**図表1-1：東京都国公立高校生徒会活動実態調査における生徒会活動の課題（2020年、有効回答数30校）**

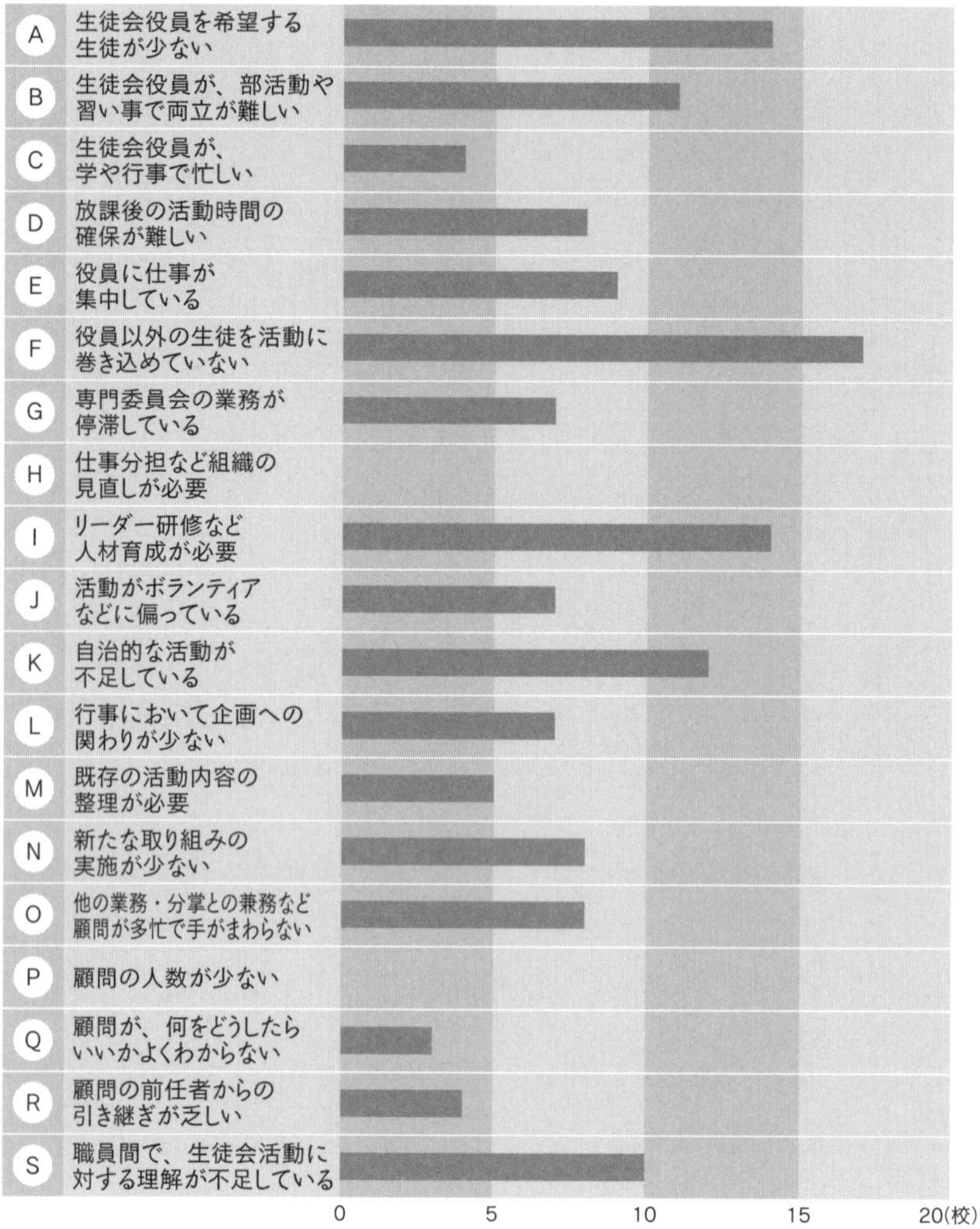

きていない」ことを生徒会活動の課題としています。

こうしたことからも、本来、生徒全員が参加し、民主的に意見を吸い上げ、運営されるはずの生徒会活動が形骸化していく悪循環が見えてきます。生徒会活動に対し生徒が無関心な状態で学校や教員がどうにか活動を維持しようとしたために、低調な選挙や役員中心の活動となり、ますます多くの生徒の関心が削がれていく、という悪循環になっているといえます。この悪循環をどう断ち切るか、その具体的方法は第2部以降で見ていきます（以下、第○部、第○章と記載された箇所はすべて本書内の各部・章を指します）。

## （2）学校行事・ボランティア活動ばかりの生徒会活動

第2に、生徒会の具体的な活動面に着目すると、「役員中心」にとどまらない別の問題が見えてきます。それは、生徒会活動の多くが学校行事やボランティア活動に集中し、本来行うべき自治的活動が不足していることです。

例えば、前述の千葉市立中学校調査では、市内の中学校で生徒会として実

**図表1-2：千葉市立中学校生徒会活動実態調査における生徒会活動内容（2015年、有効回答数54校）**

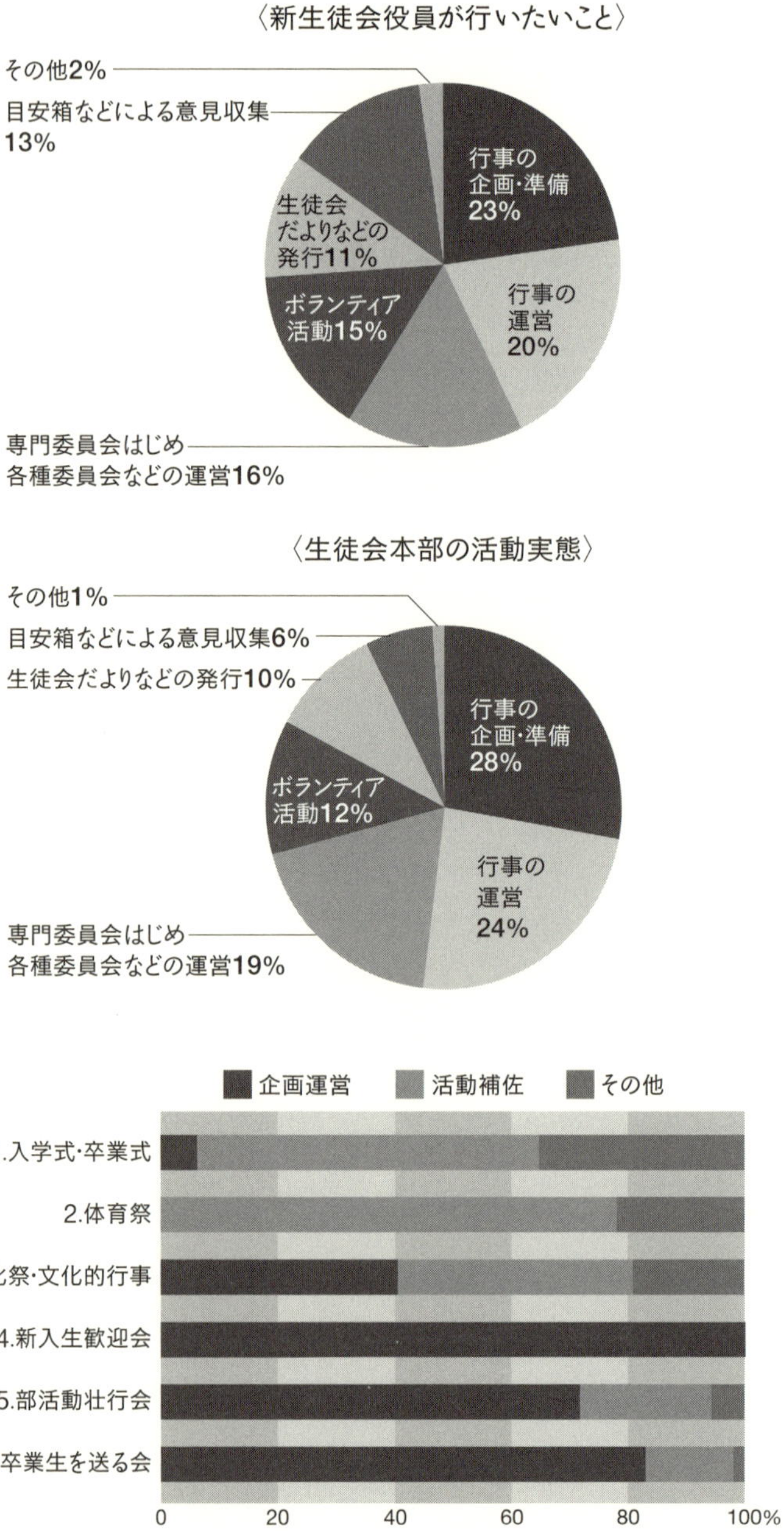

施している活動内容の割合について、次のような数字が公表されています（**図表1―2**）。

右図の「生徒会本部の活動実態」を見ると、活動内容の6割以上が学校行事の企画・準備・運営とボランティア活動で占められており、委員会などの運営や目安箱などを通じた生徒からの意見収集といった自治的活動の時間が相対的に少ないことが分かります。

また、活動の大半を占める学校行事関連の活動もすべて生徒が行っているわけではありません。調査によれば、入学式・卒業式・体育祭などの各行事は教員が主導し、生徒会はその補佐に回ることが多くなっています。これらを踏まえると、多くの生徒会が学校行事等の習慣的な活動に集中して、ともすれば「マンネリ化」しており、中には教員の「お手伝い屋さん」的な活動もいくつか含まれていることが見て取れます。

次に活動時間で見ると、学校行事に関する活動以外に、挨拶運動、募金、その他ボランティアなど奉仕的活動に対して多数の会議が行われ、時間が使

## 図表1-3：千葉市立中学校生徒会活動実態調査における生徒会活動時間（2015年、有効回答数54校）

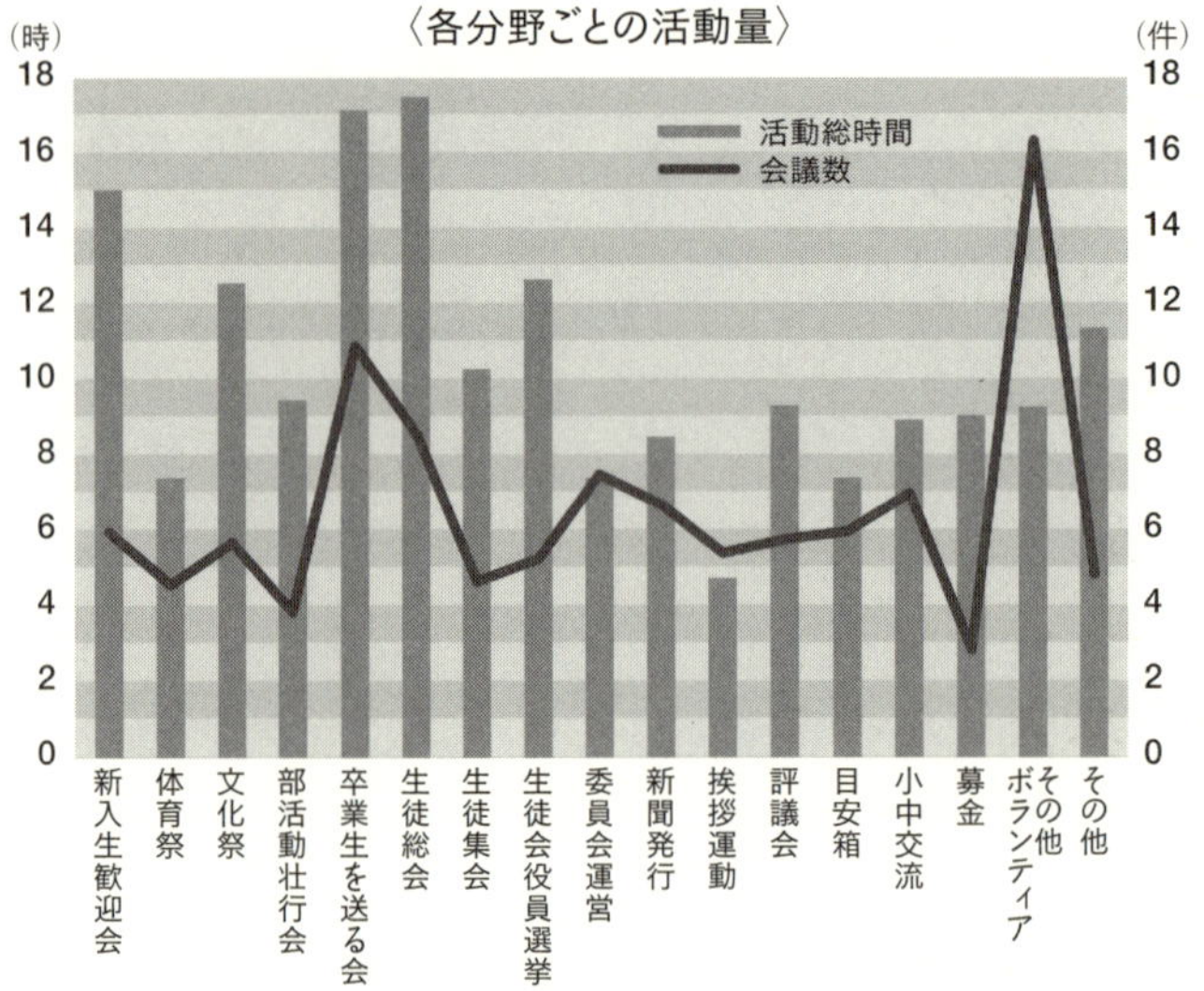


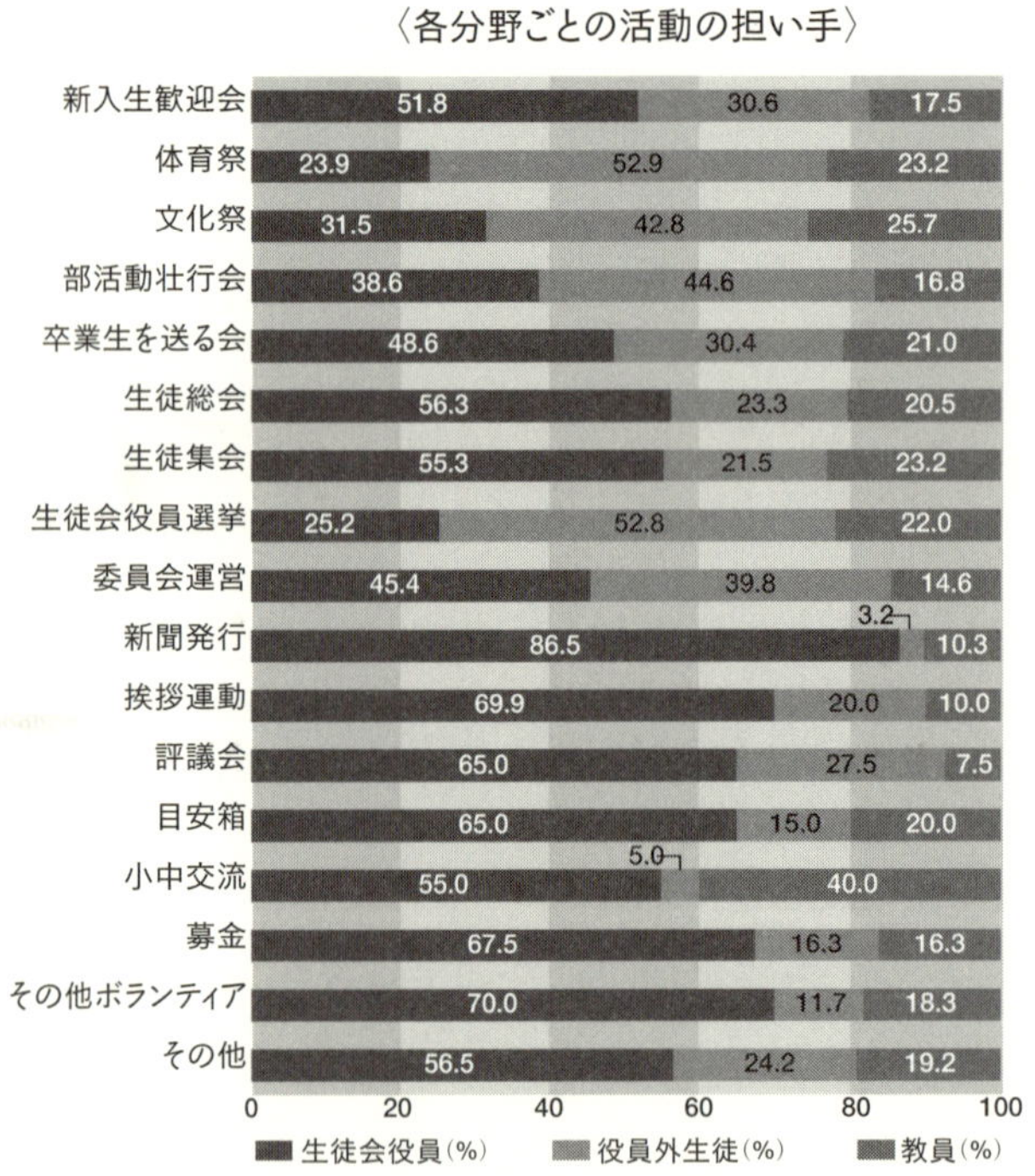

われていることが分かります。この奉仕的活動もまた、他生徒の関与や関心を減らし、役員中心の生徒会活動とする要因になっているともいえそうです（**図表1―3**）

この状況は「自治的な活動が不足している」「新たな取組の実施が少ない」「活動がボランティアなどにかたよっている」「行事において企画への関わりが少ない」などの課題があげられる高校段階でも同様です（**図表1―2**）。

学校行事やボランティア活動も、生徒が実際に責任を担い、民主的な仕方で企画・運営を進められれば多くの学びがあります。しかし、それらはほとんどの場合、「昨年度もやったから」といってマンネリな活動内容になったり、教員や周りの大人の期待に応えるだけの「あやつり人形」化して行われています。こうした状況を打破し、生徒自ら考え進めるような自治的な生徒会活動の時間を増やしていく必要があります。

## （3）「ブラック校則」見直しの落とし穴

近年「ブラック校則」が社会問題となり、その解消に向けて校則の変更や

**図表1-4：東京都国公立高校生徒会活動実態調査における校則見直し状況の回答**（2023年、有効回答数17校）

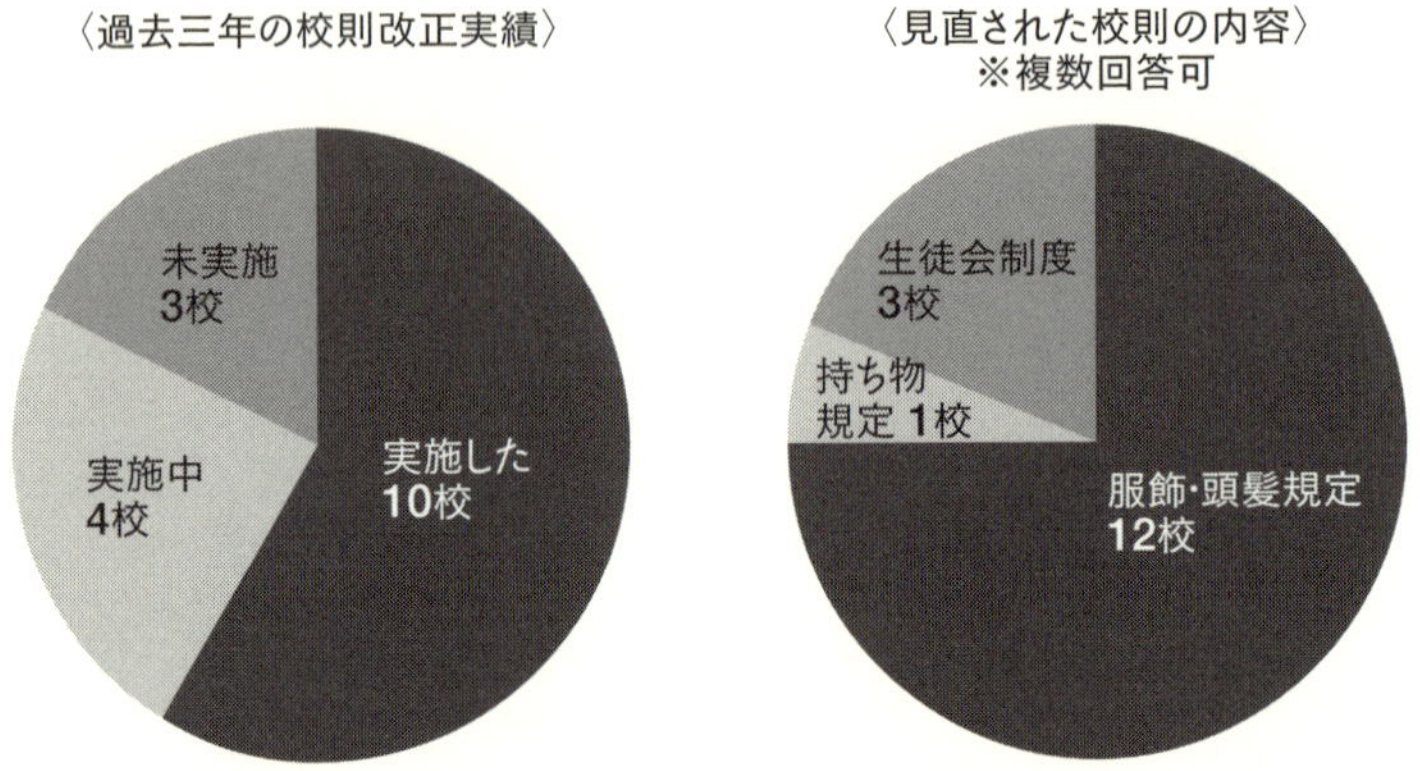


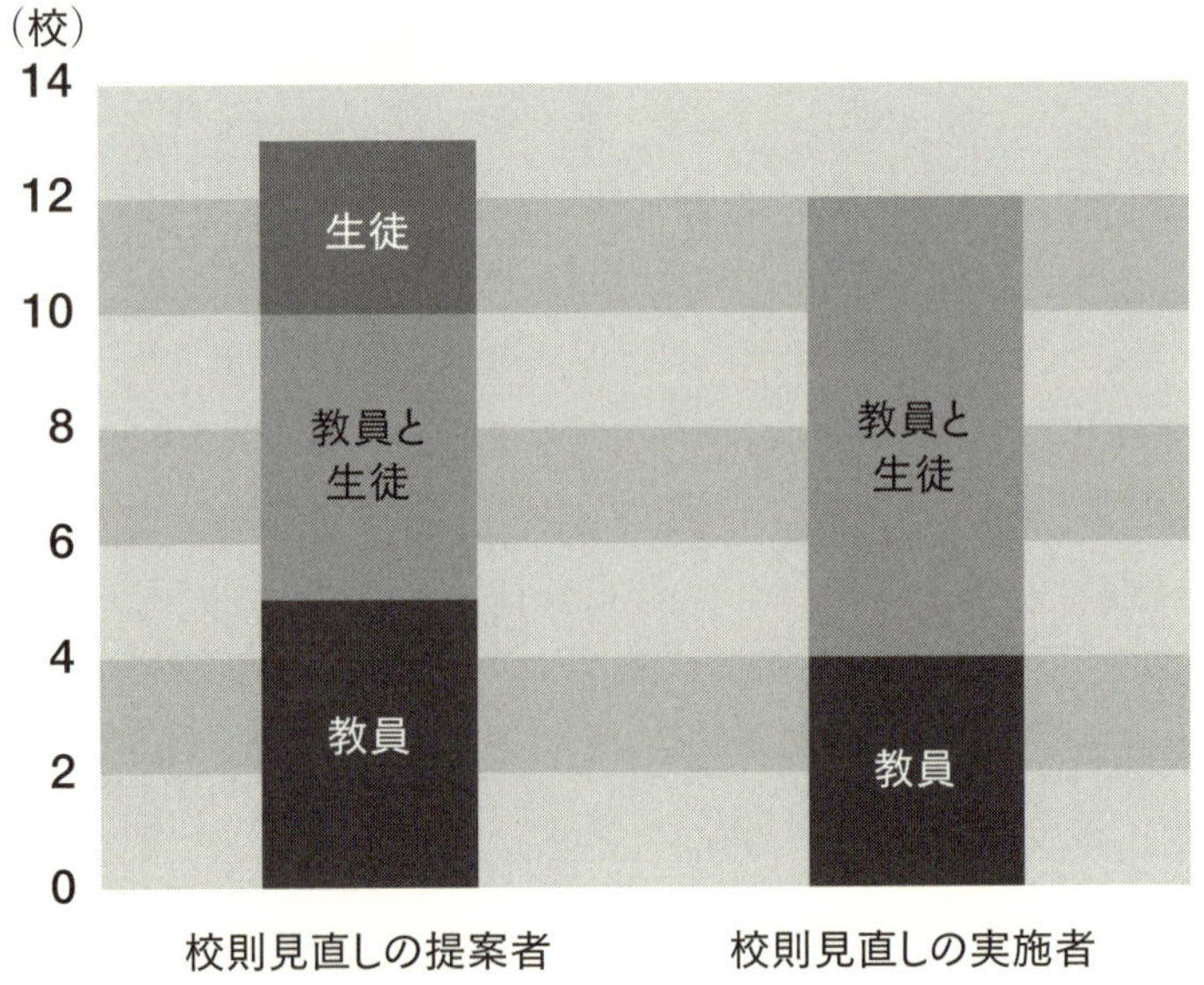

その過程に生徒を参加させる取り組みも増えています。ブラック校則とは、下着の色まで定めるような過度な服装規定や、黒髪以外の生徒に地毛証明書の提出を強要するような生徒の人権を侵害する校則のことです。

ブラック校則の社会問題化を受け、全国の学校で校則や生徒会の会則など、生徒をめぐるルールを見直す動きが高まってきています。また、ルール見直しを行う生徒会活動の様子が報道されることも多くなってきました。こうしたルールの見直しをしていく活動は「ルールメイキング」とも呼ばれています。

実態調査でも校則見直しが進む状況が明らかになっています。２０２３年の東京都国公立高校調査では、回答のあった17校のうち実に14校がブラック校則が問題化した過去３年以内に会則や校則の見直しを「実施した」または「実施中である」と回答しました。見直された校則は14校中12校で「服飾・頭髪等の規定」などとなっていました（**図表1－4**）。

一方、実態調査からは校則見直しの落とし穴も浮き彫りになっています。具体的には、校則見直しを実施した14校のうち、教員のみが校則見直しを提案した学校が8校、教員のみが見直しを実際に行った学校が4校あったことが明らかになりました（**図表1―4**）。

これは、校則見直しが、生徒会や生徒の主導ではなく、社会状況を受けた教員や学校の主導によって行われたことを示しています。

自分たちに関わるルールを自分たちで決めることは民主的な自治の根幹です。本来、校則や生徒会会則の見直しは、生徒会を通じ、生徒が様々な見方・考え方を出し合って進めることで、この根幹を経験的に学ぶ、またとない機会となるはずです。

しかし、多くの場合において、このような過程から生徒会が排除されたり、あるいは生徒会が関与したとしても、教員や学校の望む通りにしか議論できない現状があります。

こうしたルールメイキングの活動を、民主的な市民を育てることを目的に作られた生徒会の最も重要な活動としてあらためて位置付け直すことが求められます。

## （4）教員が決める「生徒会予算」

中学校の社会科「公民」や高校の「公共」の授業で習う民主政治の根本的原則として、国民からどのように税金を集め、何にいくら使うかを議会が決めるという「財政民主主義」の原則があります。実際、報道でも税金や予算に関するニュースをよく耳にすると思います。

もし、生徒会活動が民主的な市民を実際に「なすこと」を通じて育てるための活動であるならば、当然、財政民主主義を「なす」活動も求められます。具体的に、生徒会をめぐってほとんどの学校で編成される生徒会予算についても、生徒自らが編成や運用に関与する必要があります。

しかしながら、実態調査では特に東京都内の国公立高校で生徒会予算の編成に生徒や生徒会がほとんど関与できず、教員が全体を進めている実態が明らかになりました（**図表1－5**）。

この背景として、特に公立高校においては、所管自治体の生徒会費などを取り扱うための会計規程において、生徒の関与が位置付けられていないこと

**図表1-5：東京都国公立高校生徒会活動実態調査における生徒会予算に対する生徒の関わり**（2020年、有効回答数31校）

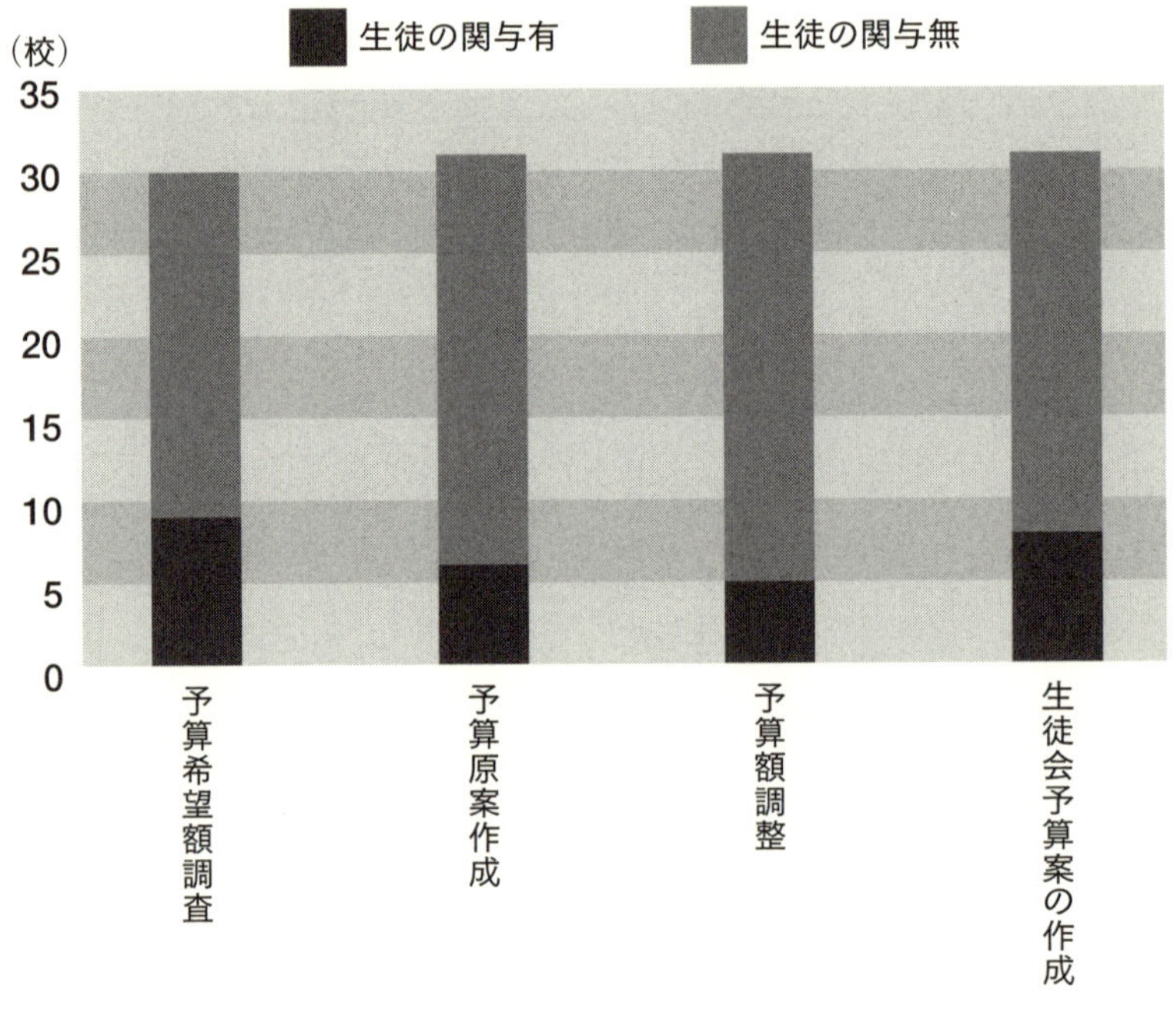

が指摘されています。この規程は生徒の関与を禁止するものではありませんが、各学校で関与方法についての判断が避けられ、教員のみで予算編成などが進められる実態があるようです。

しかし、生徒会予算を教員が決めることは、民主的な市民を育てる活動としての生徒会活動を何重にも形骸化させます。

まず、予算に生徒を関与させないことは、財政民主主義を学ぶ機会を奪うことにほかなりません。

また、生徒会予算は、一般的に生徒総会に提案され、全校生徒から承認を得る形で運営されています。しかし、多くの学校では、生徒総会には教員が決めた予算案が提案され、生徒自身は変えることのできない予算案を形式的に承認するだけになっています。このように権限をすべて取り上げた中で形式的・儀礼的な生徒会活動の様子が生徒の前で展開されることで、生徒会への関心や意欲の低下をさらに進めているといえます。

生徒会予算は、本来、生徒会執行部の予算や部活動の予算、文化祭などイベントの予算などへの配分を巡って、利害関係を持った生徒たちが議論をしながら調整することを体験できる重要なチャンスでもあります。

このように、本来、民主的な生徒会活動の根幹にあるべき予算に対する関与が排除されることで、生徒会の形骸化が決定づけられている現状があります。また、予算に限らず、民主的な市民育成のために本来生徒会が与えられるべき責任を与えられていない事例は数多くあります。本質的意義に立ち返った活動内容の整理が課題です。

## （5）多忙な生徒会顧問

実態調査からは、生徒会活動を支える学校側や教員の側の課題も見えてきます。

例えば、2020年の東京都国公立高校調査では、生徒会の課題として「他の業務・分掌との兼務など顧問が多忙で手が回らない」や「顧問間で、生徒会活動に対する理解が不足している」など顧問に関する課題意識も多く取り上げられています（**図表1－1**）。特に、今日、社会問題となっている教員の多忙化は生徒会活動にとっても極めて深刻な問題であるといえます。

生徒会活動は学習指導要領によって学校での実施が決められた活動です。この規定に従い、生徒会活動は、生徒のなり手不足や無関心に悩まされつつも、なんとか維持されてきました。

しかし、教員が多忙で活動に時間を割くことができず、また、民主的な市民を育てる活動としての生徒会活動の意義も十分にかえりみられない中で、必要に迫られて生徒会活動を維持している現実があります。

こうした状況下で、多くの学校で生徒会活動は、他の教科と同じように学校や年度ごとに変わらない定型化した活動（学習）内容を教員が用意し、生徒がそれに取り組むような活動になってしまっています。

教科と同じように扱えば生徒会の維持は比較的容易です。つまり、決まった時期に生徒会が行う学校行事やボランティア活動などのイベントを教員が設定し、そこに向けてある程度決まった議題を一部の生徒に話し合わせて実施すれば、ひとまず活動が維持されたように見えるからです。

教員からすれば、取り組む活動内容を自分たちの都合で決め、顧問だけで指導できる少数の生徒のみが進める形をとれば、見通しも立ちやすく、想定外や失敗も少なく、管理も簡単になります。このような指導により生徒会活動は維持される一方、教員主導による生徒会活動の形骸化、役員活動の限定化やマンネリ化、生徒による自治活動の比率の低下といった問題が生じているのです。

学校全体で民主的・自治的に活動する活発な生徒会を作るためには、こうした現状を変えていく必要があります。

より多くの生徒を巻き込んだ活動を進めるためには、顧問である教員のみならず全教員が生徒会の意義をよく理解して話し合い、受け持つ生徒一人ひとりが活動に向かっていくよう粘り強く指導していくことが求められます。

また、多くの生徒が関わりながら民主的・自治的に行われる生徒会活動は、仕事に慣れた教員が立案・計画・実施するのに比べてスムーズにいかないこともあるでしょう。様々なトラブルや意見が多数出てくる中で、教員は都度、想定外に対し民主的な仕方で対応を考え、向き合っていく必要があります。

このように、学校全体で生徒会活動に取り組むためには、多くの教員が労力をかける必要があります。しかしその分、こうした取り組みを通じて、教員組織や学校全体も民主的に作り変えられていくことになります。

生徒会活動は、第一に生徒の民主的な市民としての資質を育むものですが、もう一方で、生徒会に関わる学校や社会を常に民主的なものに作り直していく意義も持っているといえます。

# 第2部

# 日本全国の優良事例から学ぶ「生徒会」を変えるヒント

第１部第２章「生徒会実態調査からみる生徒会のいま」で見えてきたものも含め、現在の生徒会には多くの課題があります。大きく２つにまとめると、
①「学校の中の生徒会活動の内容や仕組みに関する問題」と
②「社会の中での生徒会活動に関する問題」に整理できます。

第２部では、現状の生徒会をより良いものにしていく上で参考やヒントになる実際の優良事例を紹介します。

第１章は学校における生徒会の優良事例を、
第２章は生徒会団体などを通じた生徒会による社会参画の優良事例を紹介していきます。

その中には、自分の学校ですぐに取り組めるものと、今後頑張ってめざしていくものがあります。また、見方によっては優良事例の中にも、まだまだ理想に向けて距離があるものもあります。

優良事例は絵空ごとではなく、実際に日本全国の中高生たちが日々悩み、試行錯誤しながら取り組んでいるリアルな活動です。皆さんなりの視点から参考にして、できるところから実践してみてください。

# 第1章 学校における「生徒会」の優良事例

まず、学校の中の生徒会活動の問題について扱います。具体的に、生徒会活動が一部の生徒会役員のみの活動になっていることや、行事運営など教員の下請け機関になっていること、生徒会予算を自分たちで編成できないことなどについて考えていきます。今回優良事例を紹介していくにあたり、学校における生徒会の課題として具体的に次の5つを取り上げます。

- 生徒会活動が一部の生徒会役員の活動になっている
- 校則などルールの見直しが教員主導になっており、生徒主体ではない

- 生徒が生徒会予算の編成に関われていない
- 学校の中に民主的な仕組みが作られていない
- 生徒との関係性や距離感など生徒会顧問の関わり方が分からない

本章では、一般社団法人生徒会活動支援協会で行っている全国の生徒会活動の優良事例を表彰する「日本生徒会大賞」の受賞した事例をもとに、生徒会活動をより発展させる際に参考になる取り組みについて見ていきます。

**日本生徒会大賞**

一般社団法人生徒会活動支援協会では、2017年度から毎年、全国の生徒会活動の優良事例を公募し、生徒会活動に積極的に取り組んでいる学校や個人を表彰するとともに、全国の生徒会にその活動内容を共有・発信することで、生徒会活動の発展につなげようと、「日本生徒会大賞」を実施しています。

2023年度からは、書類審査を通過した生徒がプレゼンテーションを行い、有識者による審査で受賞校を決定する決選大会を開催しています。

全国の「先進的な生徒会」を実際に肌で感じることで、さらに相乗効果が生まれ、生徒会大賞をきっかけに他校間で連携する取り組みも見られています。

URL：https://seitokai.jp/archives/tag/taisho

課題❶

# 生徒会活動が一部の生徒会役員の活動になっている

生徒会活動とは生徒会役員による活動ではなく、全校生徒が会員であり、すなわち「全校生徒による活動」です。しかし、現状は「生徒会活動＝生徒会役員活動」、「生徒会＝生徒会役員」というイメージを持っている人が多くいます。こうした中で、生徒会役員だけでなく、一般生徒も巻き込みながら活動していくための２つの事例を紹介します。

優良事例❶

# 常に活動を改善し続ける一般生徒を巻き込んだPDCAの取り組み

**山崎学園富士見中学校高等学校**／日本生徒会大賞2020 高校生・学校の部 日本生徒会大賞他受賞

1つ目の事例は、生徒全体が継続的に学校に参画する生徒会の運営を長期的に行っている山崎学園富士見中学校高等学校（以降：富士見高校）の取り組みです。富士見高校は東京都練馬区に位置する中高一貫・私立の女子校です。

富士見高校では、①生徒会活動の透明化を図る、②生徒の意見・アイデアを把握する、③生徒の意見・アイデアをスムーズに教員に共有するという3点を主な目的として、公開型目安箱「アイデアペーパー」を設置し、全校生徒の意見・アイデアを効率的に収集しながら活動を行っています。設置当初はルールとして「誹謗中傷をしないこと」や「個人を特定できるものにしないこと」のみを設定し、より全校生徒からリアルな意見・アイデアを募集しようとしていました。しかし実際は、運営方法が明確に定義されていなかったこともあり、定期的に投書が届くものの、それが有効に活用されていませんでした。

そこで、継続的に投書を集め、それを十分に活用する仕組みにするため、アイデアペーパーのガイドラインの作成と内容のデータ化を実施しました。また、コロナ禍になったことで同時にDX化も進め「Google Classroom」を用いてアイデアペーパーの形式も改良しました。

その後も、長期休みの影響などで利用率が下がった際は、「アイデアペーパーがそもそも必要なのか」という原点に帰って検討し、アイデアペーパーの継続等を問うアンケート調査を実施しました。アンケートの結果、75%の生徒が継続を希望していたことから、アイデアペーパーの存在目的や実施プロセスなどをより明確にしたうえで継続することに決定しました。

富士見高校では、この一連のアイデアペーパーの取り組み1つにおいても、運用ルールをその都度更新し、時には「それがそもそも必要なのか」という

## 「理想の富士見」をテーマに全校生徒が意見を貼り付けるアイデアペーパー

山崎学園富士見中学校高等学校提供

## オンライン意見箱を設置した生徒会HP

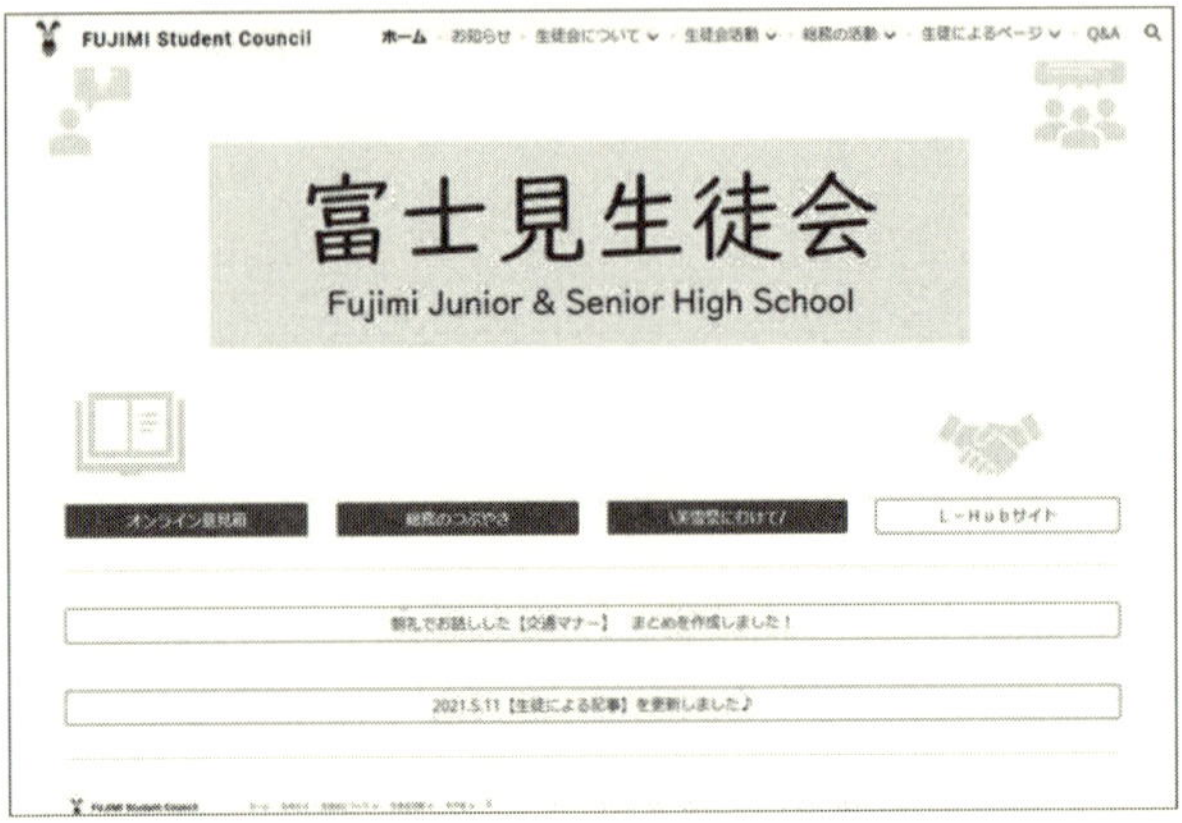

視点にまで立ち返って常に改良を加えてきました。こうした点は、従来の他校の投書箱を用いた取り組みとは大きく異なり、慣例的な業務ではなく活動の意味について根本的に考えているということから非常に参考になります。生徒が課題を見つけ、その解決策を考え、実行し、その反省点を改良するという「ＰＤＣＡサイクル」を回していくという点は、１年単位で活動を行う際も、また、長期的に活発的な活動を行う際にも非常に必要な視点であるといえます。富士見高校のようにアイデアペーパーをもとに、何年にも渡ってＰＤＣ

**図表2-1：PDCAサイクルとは**

以下の4つの取り組みを繰り返し、
活動の質を常に高め続けていこうという概念

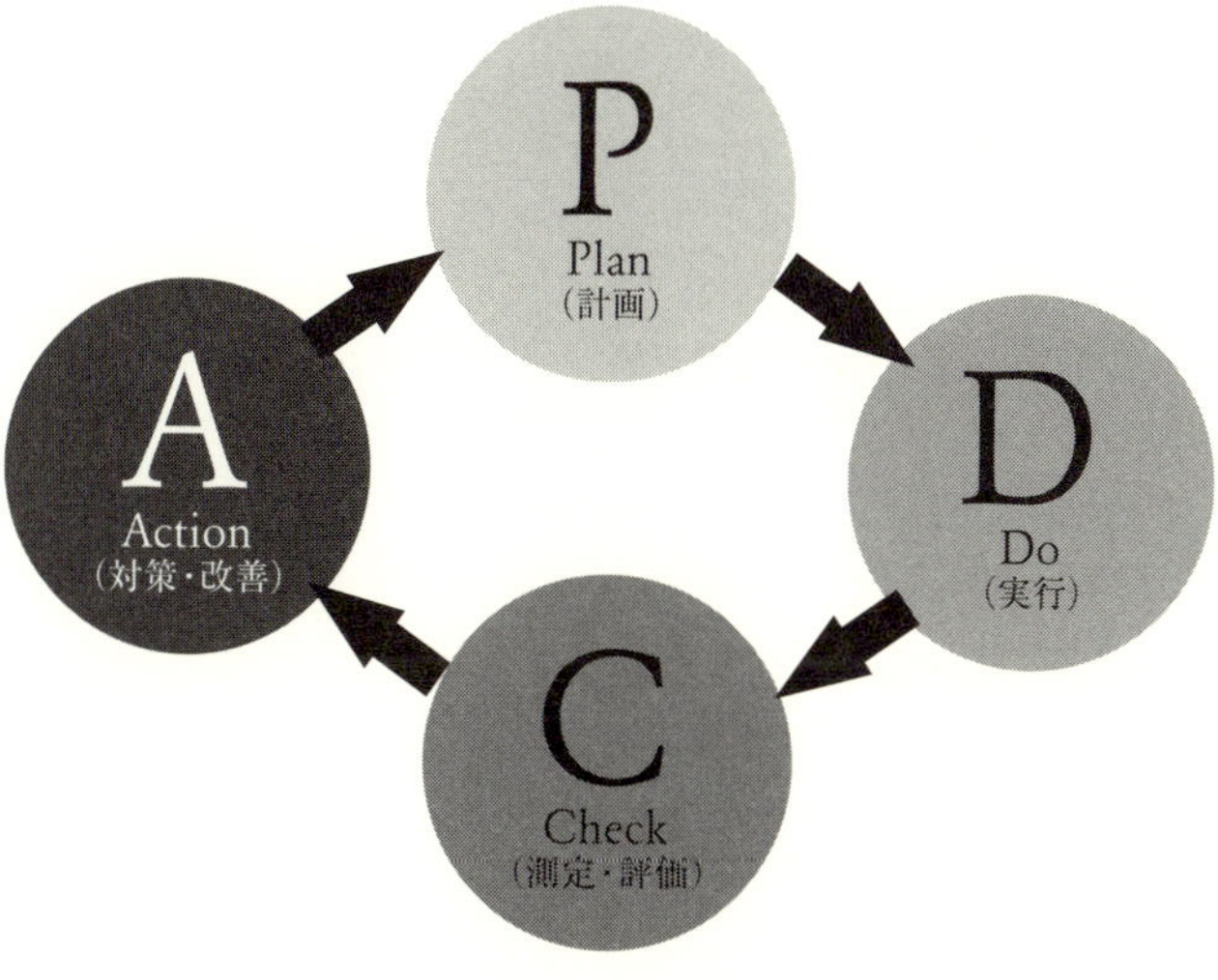

Aサイクルを回すことが難しくても、各行事などを生徒主体で計画し、実行し、その反省を次の活動に活かすことはどの学校でもできるのではないでしょうか。

**富士見高校のここがポイント!**

- 生徒会活動の透明化や一般生徒と生徒会役員との双方向のやり取りを見える化し、仕組みにしている点
- 「アイデアペーパー」を効果的に用い、生徒の意見を反映した生徒会運営を行っている点
- 運用ルールを適宜アップデートし、時には必要性から問うことで「意味のある」生徒全員の生徒会活動になっている点
- 既存の活動について課題を見つけ、改善していくという一連のPDCAサイクルを回していき、業務改善を行っている点

優良事例❷

# 実行委員会制度による生徒参画

**栗東市立栗東中学校**／日本生徒会大賞2023　中学生学校の部　日本生徒会大賞受賞

２つ目の事例は、栗東《りっとう》市立栗東中学校（以降：栗東中）の実行委員会制度による生徒と教員が対等に意思決定する仕組みです。栗東中は、滋賀県の南部に位置する栗東市にある公立中学校です。

栗東中では、これまで行事の内容決定の際には、生徒会役員が顧問を通じて職員会議に提案し、実現可能なものを教員が選択したり、修正したりすることで行事を実行してきました。しかし、「これでは必ずしも生徒の意見を反映させた学校行事の運営を行っているとはいえないのではないか」という考えから、「全校生徒の意見を直接取り入れて、生徒自身が納得して取り組める仕組みに変えたい」という声が数年前からあがっていました。また、体育祭の実施競技は例年伝統的なものを行おうとしていましたが、コロナ禍や熱中症などの影響により例年通りの体育祭をすることができませんでした。こうした中で、まず生徒と教員が同じテーブルで体育祭の課題を踏まえた企画を話し合う場として、「栗中祭実行委員会（以降：実行委員会）」を作り、その下に、生徒会執行部会、代議員会、各学級の3つの会議体を設置しました（**図表2-2**参照）。

実行委員会には、生徒会代表の生徒と教員の代表が参加し、体育祭の内容決定の最高意思決定機関としました。生徒会執行部会は、生徒会役員によって構成され、体育祭の競技内容や運営方法を実行委員会に提案したり、実行委員会での決定内容を代議員会へ伝達したりする役割を担いました。代議員会は各学級の代表者2人ずつで構成され、実行委員会での決定内容を各学級に伝えるほか、逆に各学級内で話し合った内容を伝える役割を担いました。各学級では、実行委員会の決定事項を話し合うと同時に、前述の3つの会議体で議論を重ねた上で、最終的に実行委員会で結論を出すことで、「生徒会役員や教員が勝手に体育祭の内容を決定する」のではなく、生徒たちが「自

図表2-2：栗東中学校における実行委員会の概略図

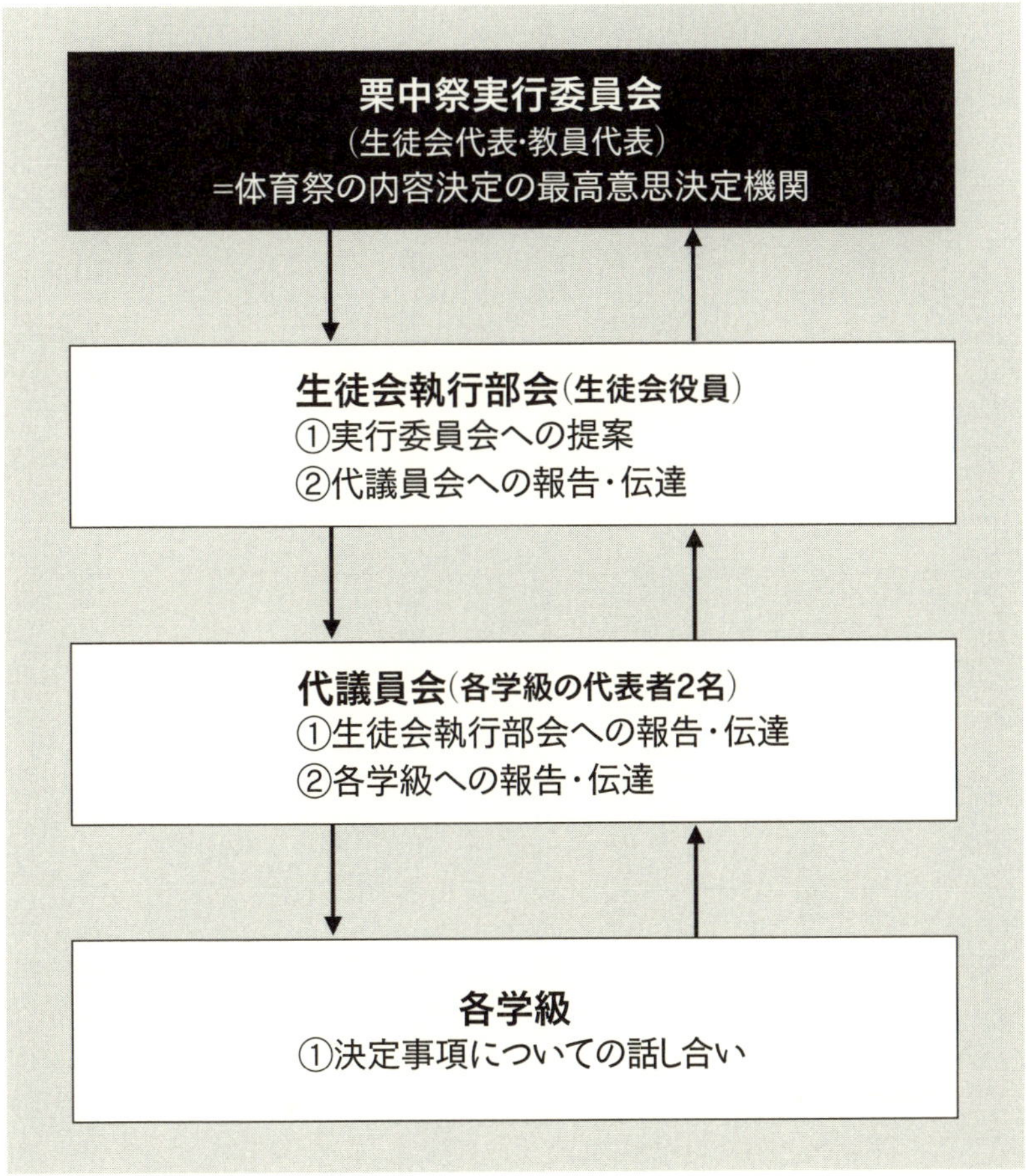

分たちの手で体育祭を作っている」という意識につながり、生徒の体育祭の満足度が高まっただけでなく、生徒会活動の可能性を感じ役員をめざす生徒も増えました。

栗東中では、体育祭以外にも多様性を保障し機能性を高めるための制服への移行に関する活動についても、生徒会代表、教員代表、制服業者代表からなる実行委員会を設置し、教員と対等な場で意思決定を行うとともに、一部の生徒が活動に参画するのではなく、全校生徒が活動に参画する仕組みにしています。この他にもテーマごとにいくつもの実行委員会を設置して活動しています。

こうした教員代表と生徒代表が対等に意思決定を行う場を作る実行委員会形式は、第3部で紹介するヨーロッパにおける学校会議を事業ごとに構成する新たな取り組みであるといえます。他の学校でもそのまま取り入れることもできる事例ではないでしょうか。

**栗東中学校のここがポイント！**

- 行事内容について前年踏襲や教員からの提案だけで決めず、生徒が主体的に関わり、何をどのように行うのかを考えている点
- 教員と生徒が対等に議論して決定する、分野ごとの最高意思決定機関として「実行委員会」が組織されている点
- 生徒会役員の意見ではなく、全校生徒の意見を吸い上げるために、各学級から代議員会、生徒会執行部という仕組みが双方向で機能できるようになっている点
- さらに新たな課題が出た際には「実行委員会」が設置できるようになっている点
- ヨーロッパでは当たり前になっている「学校会議（※詳しくは、第3部参照）」を実質的に日本でも構築したモデルになっている点

課題 ❷

# 校則などルールの見直しが教員主導になっており、生徒主体ではない

第1部でも触れたように、近年、ブラック校則が話題になることで、校則の見直しが全国各地の学校で行われてきました。よく目にするのは、服装やスマートフォンの持ち込みに関する校則の見直しですが、学校にはほかにも生徒会の運営の仕組みについて定めた生徒会会則など多くのルールが存在します。自分の学校の校則の意味を問い直したり、実態に即すように校則をアップデートすることは非常に重要な取り組みといえますが、生徒会活動ではそれらに加えて、校則だけではなく、学校のルール全体を対象にしていくことが求められます。

また、ここで重要なことは、ルールの見直しを「誰がどのように行うのか」ということです。現状の課題を認識し、みんなで解決するという一連の過程を生徒発で主体的に行うことが重要なのであって、教員主導で実施するので

は単なる教員の学校運営の一環となってしまいます。生徒が参加する校則見直しも増えてきましたが、その中にも「教員が見直しを行いたい時にだけ、生徒の意見を聞く」という事例や、「生徒に主体的に取り組ませるが、実際に改定するのは教員が見直しを想定していたものだけ」といった事例が見られます。

こうした中、生徒が自ら校則に対して課題感を持って見直し、さらには単発的に行うのではなく、継続的に校則見直しをできるような仕組み作りをしていた事例を2つ紹介します。

優良事例③

# 校則の見直し方法の制度化

**静岡県立富士高等学校**／日本生徒会大賞2022 高校生・学校の部 日本生徒会大賞受賞

1つ目の事例は、静岡県立富士高等学校（以降：富士高校）の校則見直しに関するルールを明確にするための取り組みを紹介します。富士高校は静岡県富士市に位置する公立の共学校です。

富士高校では、制服について女子のスラックス導入や靴下の規則の見直しを「制服プロジェクト」として立ち上げていました。そこでは生徒の意見をアンケートを用いて集計し、制服のサンプル作成を依頼したり、教員に意見書を提出したりといった活動を行いました。アンケートでは、制服のイラストを描けるようにするために、あえて「Google Form」を用いるのではなく紙のアンケートを数回にわたり実施しました。結果的に、現状維持を望む意見が多かったことからスラックスの導入は見送りとなりましたが、これは「見直しを検討した校則は必ず改定しなければならない」という固定観念や教員側の意向に流されることなく、生徒の意見や決定に基づいて活動の方針を決めているという点において非常に重要です。さらに生徒主体でのルールメイキングの経験にもなります。また、靴下に関する校則を見直す際に出た課題として、校則見直しの方法が明記されていなかったことが挙げられました。校則を見直したいのにその過程が分からないことで活動が止まってしまうことを防ぐために、新たに校則見直しまでの流れを明記した「生徒心得（校則）の改訂に関する細則」を設置しました。その結果、校則見直しの過程について、以下の通り細則で規定しました。

**制度化された「校則見直し過程」**

①生徒から見直したい校則を募集する
②生徒総会で、校則見直しについて教員側の生徒課会議と職員会議に提起するかの決議を行い、生徒の3分の2以上の賛成で提起する
③生徒課・生徒会間協議

④生徒課会議の承認
⑤職員会議の承認
⑥校長が最終決定

生徒から挙がる校則見直しの意見を、生徒会役員と教員との間の「閉鎖的な協議」に留めるのではなく、生徒が「生徒会員」として見直しの過程に参画し、それを明文化することで校則見直しについて考える機会が生まれるということは非常に重要なことといえます。また、それを生徒会役員自らが策定したという点も他校の模範となる例です。

**富士高校のここがポイント！**

- 校則見直しの流行や教員の意向を汲んで、見直した校則をそのまま改定するのではなく、全校生徒の意見や決定に基づき校則の改定をあえて行わなかった点
- 全校生徒を巻き込んで、教員と透明化された空間で校則見直しについて議論を行った点

・校則見直しのために、主体的に全校生徒による校則見直しの仕組みを作り、制度化した点

優良事例④

# 生徒全員に開かれた生徒会規程の見直し

**早稲田大学高等学院**／日本生徒会大賞2023　高校生・学校の部　日本生徒会大賞他受賞

2つ目は早稲田大学高等学院（以降：早大学院）の生徒会規程見直しの事例です。早大学院は東京都練馬区に位置する早稲田大学附属の中高一貫・私立の男子校です。早大学院は、充実した生徒会機構をもち、活発に活動を続けています（機構については68頁〈参考〉を参照）。

早大学院の会計制度については、体育文化部門は部長決裁を経て予算案を各幹事長に提出、それを生徒会役員にあたる中央幹事や翌年度の中央幹事長を経て学院長（学校長）に提出するなどと制度化されています。一方で、会計監査については、生徒会規程では、自治委員から6名、体育・文化両部門から各2名で実施することとなっていましたが、制度がうまく機能せず形骸化していました。この会計監査が実態と異なっていることなどを受け、中央幹事会を中心に生徒会規則を見直しました。課題とされたのは学校全体での会計監査が行われず、委員会ごとの監査しか行われていなかったことなどでした。

この規程見直しにおいて、中央幹事会は自治委員会で2度の改正案説明を行ったほか、全校生徒向けに説明と質疑応答を行う場も設けたことで50名もの生徒がその過程に参加しました。また、規則見直しの際に実施する生徒総会をあえて2回開催し、1回目は見直し方針の承認を、2回目は見直し内容の承認を行うことで生徒の民意をより正確にはかるようにしました。

会計監査の仕組みについては是非もありそうですが、学校の中での民主的な組織や仕組みとして、生徒会規程の見直しまで行った事例は、参考になる学校も多いのではないでしょうか。

**早大学院のここがポイント！**

- 他校で行われるような制服等の身の回りの校則見直しではなく、生徒会活動を円滑に進めるための「生徒会規程」の見直しを行った点

・生徒向けの説明会を複数回行ったり生徒総会でも過程に合わせて2度行うなど、透明性を高める施策や、一部の教員や生徒会役員だけでなく一般生徒がルールの見直しに参画する仕組みづくりを行った点
・実情に合わせた生徒会の仕組みを生徒会役員だけではなく、学校全体で整備した点
・学校の中の民主的な仕組みを作る根幹となる生徒会規程を見直し、より民主的な仕組みを作り上げていこうと改善していった点

〈**参考**〉
早大学院の生徒会には、総会閉会中の議決機関として自治委員会が、最高執行機関として中央幹事会が置かれています。自治委員は各クラスからの代表者で構成され、委員長などの役員が互選されます。中央幹事会は自治委員会と体育文化部門より選出された3名と、中央幹事長など選挙で選ばれた4名で構成されます。体育文化部門は体育系文化系の部活動等による組織です。各部の部長は教員が務めていますが、教員である部長の選出方法や体育文化部門への権限までが生徒会規程に明示されています。また、生徒会規程には、

教員生徒協議会についても明記されており、生徒会中央幹事全員と学院長が委嘱する教員若干名で構成され、協議会の常任委員は生徒と教員各1名が互選され運営されるようになっています。

課題❸

# 生徒が生徒会予算の編成に関われていない

毎年、新年度を前に生徒会では予算案を作成します。生徒会予算は、1年間で生徒会が何を行ってどのくらいの費用を計上するかについて生徒会役員が素案を作成し、部活や委員会の生徒の意見を反映しつつ、最終的には生徒総会などで討議し、可決するものです。この活動は、生徒自身が、生徒会員から集めた生徒会費を財源として適切に分配したり、予算折衝により民主的な過程を経て決定することで、生徒会への帰属意識を高めたり、活動への関心を高める効果があります。

しかし、現状は生徒会が予算編成に関われず、教員が作成した予算案を生徒総会に提出するだけになっている学校も少なくありません。ここでは予算編成に生徒会が主体的に関わっているとともに、その仕組みについてもより良いものへと見直ししている事例を紹介します。

優良事例⑤

# 各部活動予算作成の評価基準の見直し

**埼玉県立和光国際高等学校**／日本生徒会大賞2024　高校生・学校の部　日本生徒会大賞受賞

埼玉県立和光国際高等学校（以降：和光国際）の会計に関する仕組みの見直しの事例です。和光国際は、埼玉県和光市にある公立の共学校です。

和光国際では、文化祭や部活動予算についても生徒が直接関与できるという特徴があります。部活動の予算決定過程については以下の通りです。

**予算決定過程**

①各部活動が予算を請求

②生徒会会計担当が部活動内容を視察

③生徒会会計の予算案と教員の予算案をすり合わせ生徒会予算案作成

④各部活動に掲示
⑤各部活動の承認
⑥全校生徒の承認

一方で、予算には限りがあるため、毎年、部活予算請求額はそのまま通らないことがほとんどで、各部活動の承認を取る段階で不満をいう部が出てしまっていました。この背景には、生徒が請求額の上限や規定をよく知らないことや、生徒会会計担当による部活動視察が形骸化してしまっていること、教員との連携不足などがありました。そのため、視察基準を一新し、意欲／態度、出席数、目標、活動実績を3段階で良い／普通／悪いで評価、奉仕活動は行事や清掃などを1点、地域や国際交流を2点、活動日数1点で評価する視察シートを作成しました。前年度予算の踏襲などではなく、各部活に対しなぜこの予算が必要なのかや、どれくらいの各家庭から部費を集めているのかなどをヒアリングし、教員と生徒会との予算のすり合わせも単に交渉の場とするのではなく、それぞれの部活がどのように学校に貢献したのかについても議論する場としました。

また、生徒が文化祭や部活動を行う際にお金の流れを全く知らない状態があったため、部活動視察前には部活動予算案の決定に関する説明会を実施し、請求書の書き方や予算の使い方、上限が38万円で、増減の限界は2万円であることなどを説明しました。文化祭の会計作業においても、これまでの会計資料の共有だけでなく、よくある質問をまとめたスライドを作成し、非現金取扱団体、現金取扱団体、食品販売団体に分けて説明会を行いました。

この事例は、生徒会が予算編成に関わっていない学校にとっては、生徒が関わるイメージをつかんだり、部活動予算の査定を実施する参考になるのではないかと思います。また、毎年行っている予算編成・決定のプロセスについてもどうすればより良くなるかを考える参考になるのではないでしょうか。

**和光国際のここがポイント！**

- 生徒会が文化祭や部活動の予算案の作成から行っている点
- 部活動の予算査定に関して、形骸化していた部活動視察の基準を一新し明確化させた点
- 生徒会役員以外の生徒にも部活動や文化祭などの予算の仕組みや申請

の仕方などについて説明会を開催して、「自分ごと」にさせた点
・長年実施してきた制度についても常により良く改善していこうと取り組んだ点

課題
❹

# 学校の中に民主的な仕組みが作られていない

本来、生徒会活動は、民主的な学校において生徒自ら組織を作り、実際に責任を持ちながら活動する中で、市民や主権者としての資質を養うためのものです。しかし、全国的に、毎年同じようなイベントやボランティア活動を作業的に行っていたり、学校によっては、教員が主導して頼まれたことだけをする生徒会が多く存在します。

では、「民主的な学校」にふさわしい組織や取り組みとはどんなものでしょうか。ここでは学校に関する課題を教員だけでなく、生徒や保護者と一緒に議論をする枠組みを用いて学校運営に参加する事例を紹介します。

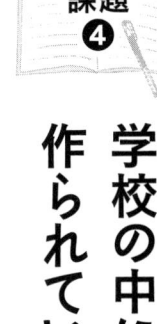

優良事例❻

# 生徒・保護者・教員による「三者協議会」の活性化

**東京大学教育学部附属中等教育学校**／日本生徒会大賞2021 高校生・個人の部 特別賞受賞

生徒会の代表と教員代表に保護者代表も加えた「三者協議会」を活性化した東京大学教育学部附属中等教育学校（以降：東大附属）の取り組みの事例です。東大附属は、東京都中野区に位置する国立・共学の中等教育学校です。

東大附属で取り組んだ三者協議会とは、生徒・教職員・保護者の3つの立場の人が集まって学校に関する議題などを議論する場で、特に長野県立辰野高等学校の事例が有名です。東大附属の三者協議会は2000年度から年に2～3回、有志の生徒、教員、保護者の話し合いの場として実施されていたものの、参加者数が減少するなど形骸化していました。そこで、三者協議会のあり方や進め方を見直すことで、三者協議会を含む生徒会活動の活性化をめざしました。

まずはじめに、他校の三者協議会を傍聴することや三者協議会に関する専門家、自校の三者協議会の設立者などにインタビューを実施し、三者協議会の本質について調査を行いました。こうした調査などをもとに、開催形式を見直しました。その結果、提案者と数名の参加者がテーブルを囲んでテーマに沿って自由に意見交換を行う「ラウンドテーブル方式」を採用し、さらに模造紙や付箋を使って意見をまとめることで、テーマの論点が明確になり、スムーズな対話を実現することができるようになりました。

また、テーマ設定の方法も見直し、それまでは生徒会役員や教員が事前に決定していたものを、生徒がより参画意識を持つことができるよう公募やPTA、教員からのアンケートも活用し、参加者のニーズに沿った議論を行うように改善しました。

三者協議会は、複数の利害関係者が参加することで議論が拡散したり、形式的な場にもなりがちであるなどの課題もありますが、効果的に実施すれば、利害調整を通じて、実現可能な合意形成を作っていくなど、民主主義の過程を学ぶ非常に重要な機会になります。東大附属で実際に議論されたテーマには「部活動における生徒の主体的な運営方法」「理想の学校環境・設備を考えよう」などがありました。開催形式とテーマ設定により、生徒の関心は非常に高く、当日は9割以上の部活動の部長が参加し、当事者目線での議論を行うことができました。

三者協議会の取り組みは、様々な立場の人が民主的で開かれた学校の運営や地域づくりに対等な立場で参画できるという観点からも大きな可能性があります。

**東大附属のここがポイント!**

- 生徒・保護者・教員で作る「三者協議会」を設置し、学校運営について話し合う場を作っている点
- これまで形骸化していた「三者協議会」の活性化を実現した点
- 効果的で意義のある「三者協議会」をめざし他校の事例や有識者の話なども聞きながらさらに発展させて活用した点

・「三者協議会」の仕組みだけではなく、手法についても工夫を凝らしながらより効果が出る仕組みを作っていった点

〈**参考**〉

こうした活動は生徒会活動の発展という観点から見ても有意義ですが、他にも組織の活動を「自分ごと」として捉えて活動に参画するという点で主権者教育の観点からも評価できます。生徒会活動と主権者教育との関係については、第4部第4章でも紹介しますので、こちらも参考にしてください。

課題5

# 生徒との関係性や距離感など生徒会顧問の関わり方が分からない

ここまで生徒会役員が行ってきた先進的な事例を紹介しました。これまで繰り返し述べている通り、生徒会活動は全校の生徒が主体となって行う活動であることが前提ですが、実際の活動においては生徒だけで完結するのではなく、多くの場面で、生徒会顧問をはじめとする教員との関わりや連携も重要な要素の1つです。

生徒会顧問は部活動の顧問と比べて指導法が確立していないことに加え、生徒会役員経験者が生徒会顧問に優先的に就くことも多くないなど、生徒会顧問のノウハウも「ブラックボックス」になっている状況があります。その結果、生徒に活動のすべてを押し付けたり、教員が指示するだけの「受動的な生徒会活動」になってしまう事例があります。各学校の特徴に即して指導を行うことも重要ですが、こうした生徒会顧問を取り巻く課題を解決する上で示唆を与える事例を2つ紹介します。

優良事例⑦

# 他校から学ぶことを促し改善

**高崎商科大学附属高等学校**／日本生徒会大賞2024 顧問の部 優秀賞他受賞

1つ目の事例は、高崎商科大学附属高等学校（以降：高崎商大附）の生徒会顧問による取り組みの事例です。高崎商大附は、群馬県にある私立の高崎商科大学付属の共学高校です。

高崎商大附の生徒会活動は、それまで教員主体で、役員は行事における司会や挨拶をしたり、教員の手伝いを行うものと認知されていました。今回紹介する生徒会顧問の教員は、このような生徒会役員の感覚に違和感を持ち、教員が引っ張っていく必要性を感じつつも、生徒が主体的に関わる生徒会づくりを目指し、支援を行いました。その例として、まずは生徒自身で書類を作成できるようにすることや、生徒会活動に関心を持ってもらえるように役員選挙の方式を実際の選挙の形式に似せるようにすることから始めました。

　また、顧問自らが率先して他校の文化祭を視察しました。最初は、生徒会活動を支援する教員として、他校の事例を経験することで自校に還元しようという目的で行ったのですが、生徒自身が他校の事例を肌で経験することが重要と考え、他校の見学を生徒に勧め、その結果、自校の文化祭の時には生徒が視察で学んだ他校の事例をアレンジした装飾を取り入れるなど、他校の良いものをどんどん取り入れるようになりました。

　当然、教員自身が積極的に知識や経験を積み、生徒に還元することで生徒の成長を導くことも重要です。しかし、それ以上に、生徒自身が、現在行っている生徒会活動を「自分ごと」にして考え、さらに積極的に他校に視察に行き、良いものを取り入れることで自分の学校をより良くしていこうする姿勢へと「生徒を変えた」この事例は、どの学校でも取り組みやすいといえます。

　こうした取り組みをきっかけに、高崎商大附では、その後、生徒会役員が生徒会会則について、現状と会則との乖離を発見し、その改善案を生徒自らが提案するようになるなど、顧問発で生徒会活動が活発化しています。

**高崎商大附のここがポイント!**

- 教員自らが県内外の高校に視察に行き、他校を参考にすることの良さを生徒に共有し示した上で、生徒にも他校への視察を促した点
- 他校の良いものを取り入れることで、自分たちの学校がより良くなっていくという成功体験を積ませることで、生徒会活動へのモチベーションを向上させるとともに、生徒会役員たちに生徒会活動をより「自分ごと」にさせていった点
- 生徒会顧問だけが生徒会活動に熱心になるのではなく、一方で生徒に任せっきりにするということもない、「生徒とともに」という姿勢で指導に当たっている点

優良事例8

# 生徒の自主性を尊重して任せる

**山崎学園富士見中学校高等学校**／日本生徒会大賞2023 顧問の部 日本生徒会大賞受賞

2つ目の事例は、山崎学園富士見中学校高等学校（以降：富士見高校）の生徒会顧問による生徒の主体性を尊重して任せていくという取り組みです。

今回紹介する生徒会顧問の教員は、「生徒会活動における生徒会役員（総務委員会）はあくまで活動をリードするサポーターのような存在で、主役は生徒一人一人である」ということを常に話しています。それは生徒会活動の本質である、「全校生徒＝生徒会員」ということを前提として認識しており、さらに学校の教育目標「社会に貢献できる自立した女性の育成」とも関連づけて考えている点から、生徒会活動をより広い視野で捉え、全校生徒が主権者として成長するということを顧問として重要視していることが分かります。

富士見高校では、ロングホームルームの時間を利用して異学年での縦割り班を構成し、学年を超えて今思っていること、考えていることを共有するクラス会という取り組みが行われました。お互いの立場に立って考える機会とし、そこで話されたことを生徒会の活動に活かしていきます。

生徒会顧問として、異学年のロングホームルームを同時間帯に揃えるために、時間割の調整などは行なったものの、例えば、テーマの選定やグルーピングなどは生徒に任せました。生徒は、芙雪祭（文化祭）時には芙雪祭実行委員会が主体となり、各パートに分かれて生徒間での調整や当日の運営全般を行いますが、各パートに1人ずつ教員の担当をつけることで、毎年の引き継ぎ事項が生徒と教員ともに連携されている状況を作りました。生徒同士でも引き継ぎ書や先輩後輩のつながりで詳細を伝達ができており、顧問が新しくなった場合でも、生徒主体で活動を進めることができているといいます。

顧問の仕事は、あくまで生徒をサポートするという立場で、「生徒に任せること」と「生徒を見守ること」、そして「教員間の調整」がメインで、生徒に対しては基本的に委ねます。しかし、これはあくまで教員側から生徒に対して求められていないのに先回って行動を起こさない、ということであって、顧問として行わなければならないことや役員から求められたことは積極的に行います。生徒を信頼し、任せることで、生徒自身が責任を持ち、自分たちで考え、行動できるようになります。また、「主権者」として必要な資質を涵養することにつながっています。何を、どのように生徒に任せるのかという教員ならではの困難もある一方で、それについて教員間で話し合うことで生徒会活動をサポートする仕組みづくりができています。

**富士見高校のここがポイント！**

- 役員と顧問が信頼関係を構築したうえで、生徒に「任せる」「見守る」、顧問に「頼る」ということができる環境を整備している点
- 単なる「生徒任せ」ではなく、生徒の主体性を重んじつつも、時に教員として必要なサポートがいつでもできるような仕組みを整えている点
- 生徒会顧問だけがサポートを行うのではなく、教員同士で調整しつつ教員全体でサポートを行う仕組みを作っている点

# 第2章 地域における「生徒会」の連盟や「生徒会団体」の優良事例

多くの生徒会において、学校外の社会における生徒会活動が単なるボランティア活動のみになっていることがあります。こうした課題に対し、学校を超え自治体も含めたまちづくりなどに対して活動を行うなど、生徒会を通じた社会参画について、生徒会の連盟組織などによる優良事例を紹介していきます。

## （1）生徒会団体って何？

生徒会は基本的に学校単位で作られ、学校生活に関する様々な事柄について、生徒の意見を民主的に集め、まとめ、活動する組織です。

しかし、生徒会が学校単位で組織されるといっても、各校の生徒会活動の内容は全く別々のものではありません。多くの生徒会が、活動の仕方や教員との関わり方、校則などのルールづくりの進め方、生徒会予算や学校行事への取り組みなど、共通する課題を抱えています。

このような生徒会が共通して持っている課題について、複数の学校の生徒会の代表者が集まって意見交換をしたり、時には共同して活動を行ったりする組織が、全国にいくつもあることをご存知でしょうか。

こうした団体は、「生徒会団体」や「地域生徒会」と呼ばれ、今日も東京や大阪などの地域を中心に中高生たち自身の手で運営されています。

また、最近では、多くの地域で生徒会活動に積極的に取り組む生徒会役員を中心に生徒会団体や地域生徒会を作る動きが広まり「全国生徒会大会（全国高校生徒会大会）」など、年に一度、全国から多数の中高生が集まる大会が開催されるようになってきました。
これらに積極的に取り組む学校の生徒会では、他の学校と合同して実施する活動を「外務活動」と名付け、当たり前のように毎年の活動の中に組み込んでいたりもします。

こうした生徒会団体や地域生徒会は、実は、生徒会が日本にできた戦後すぐにはもう作られていました。それ以来、今日にいたるまで、全国各地で、様々な形式で生徒会団体が組織され、活動が続けられてきました。馴染みのない学校も多いかもしれませんが、このように見てみると、生徒会活動と生徒会団体は切り離せない存在といえます（生徒会団体の歴史については、第4部第2章参照）。また、学校における生徒会活動を今まで以上に活発に行っていくためにも、生徒会団体などを通じて複数の生徒会で協力する活動は非常に効果的です。生徒会活動の幅を広げていく中で、必ず複数の学校にまたがる地域の諸課題や、学校の基盤となる法律や制度に起因する問題など、1校単位では解決できない困難に直面します。そうした困難に対し、生徒会団体を通じて複数の同じ境遇に立つ生徒会の代表者が知恵を出し合い、ときに協力して働きかけることで、活動はさらに活性化できるのではないでしょうか。

この章では、生徒会団体の中でも全国規模で開催されている優良事例と地域社会に根ざして活動している優良事例を紹介していきます。

優良事例⑨

# 全国生徒会大会

## ●沿革・目的

「全国生徒会大会」は、2013年に「全国高校生徒会大会」として初回が行われました。関東・関西などで生徒会団体の運営に携わる生徒会役員などが中心となり、実行委員会が組織されています。当初は全国大会の開催をきっかけに生徒会の全国組織を設立することをめざしましたが、本大会の参加者間での学校を超えた連携が活発化したことから、組織としての設立は見送りとなりました。コロナ禍等で一時的に中止されていたこともありましたが、現在も毎年「全国生徒会大会」を開催することによって参加者間の交流・連携が継続されています。

●活動内容

開催年によって規模や日数、企画内容は多少異なるものの、毎年3月末から4月初の春休み期間に東京で開催することが通例となっており、100名を超える生徒会役員が全国から集い、複数日にわたり宿泊を伴いながら交流・議論を深めます。

学校内での生徒会活動における課題や事例の共有にとどまらず、教育制度、地域や災害といった社会問題をテーマにするプログラムも設けられることもあり、必ずしも生徒会活動だけにとらわれない議論が行われています。

運営を担う中高生で組織される実行委員会は、主にオンライン上でのミーティングを開催して、企画内容・会場・協賛の募集などについて内容を作っていきます。全国規模のイベントになることから、担当別に部署が組織されるなど、他の団体とは運営の仕方も異なっています。

●特色ある活動

全国生徒会大会の最大の特色は「全国規模」であるということと、多くの開催年で「宿泊を伴う」という点にあります。関東や関西の生徒会団体のイベント等でも、様々な地方からの参加者が見られることはありますが、全国各地から多くの中高生が集まるイベントは「全国生徒会大会」のほかにありません。これにより生徒会外務活動（校外活動）が比較的活発な関東・関西に限らず、地元に生徒会団体がない地方の中高生にも生徒会外務活動を提供できています。そのため、当時、生徒会外務団体の存在しなかった青森や群馬、埼玉、千葉、岐阜、福岡などでも生徒会団体の立ち上げ活動のきっかけになるなど、地方での生徒会活動活性化に向けた動きにもつながっています。

また、こうした全国から集まる生徒会役員が学校の枠を超えて、生徒会について考えながら宿泊する機会は希少で、参加生徒たちにとっても刺激になっています。開催期間中に新たなイベントや生徒会外務団体の合同企画なども開催期間中にアイデアが生まれることも少なくありません。

**全国生徒会大会（全国高校生徒会大会）のここがポイント！**

- 全国規模で中高生が生徒会活動について考えるイベントを中高生自らが企画運営をしている点
- イベントを起点に、首都圏だけではなく地方でも学校を超えた生徒会

## 活動が活発になっている点

**全国生徒会大会2024の様子**

一般社団法人生徒会活動支援協会撮影

**図表2-3：全国生徒会大会のグループでの議論テーマ**

| 2023年の議題テーマ | |
|---|---|
| 1 | 会計 |
| 2 | 広報 |
| 3 | 外務 |
| 4 | 引き継ぎ |
| 5 | ICTの活用 |
| 6 | 意見の取り入れ方 |
| 7 | 選挙 |
| 8 | 組織 |
| 9 | 校則改定 |
| 10 | 人間関係 |
| 11 | メンタル |
| 12 | 会議 |
| 13 | 生徒会のモラル |
| 14 | 体育祭 |
| 15 | 文化祭 |
| 16 | 社会貢献 |

| 2024年の議題テーマ | |
|---|---|
| 1 | 意見の取り入れ方 |
| 2 | スマホの使用方法 |
| 3 | 生徒会の存在意義とは |
| 4 | 文化祭 |
| 5 | 生徒 |
| 6 | 会長の在り方 |
| 7 | 人間関係 |
| 8 | 新しい広報戦略 |
| 9 | モチベーション |
| 10 | 校則改定 |
| 11 | 行事 |

## （3）地域生徒会モデル

優良事例⑩

# 多摩生徒会協議会

日本生徒会大賞2021 高校生・団体の部 日本生徒会大賞受賞

### ●沿革・目的

1つ目の事例が「多摩生徒会協議会」です。

多摩生徒会協議会は、2008年に創設された東京都の西部、特別区以外の多摩地区に所在する学校に所属している生徒会役員を中心に構成されている生徒会団体です。もともとは、首都圏高等学校生徒会連盟や生徒会広報誌ネットワークなど別の生徒会団体に所属していた多摩地区の生徒会役員が、今後は地区ごとに学校を超えた生徒会役員による交流や議論が必要であるという問題意識から設立しました（参照：第4部第2章）。

設立にあたっては、私立高校の生徒会役員に限らず、国公立高校の生徒会

## 多摩生徒会協議会の開催風景

一般社団法人生徒会活動支援協会撮影

役員にも声をかけ、運営にも加えるなど、多様なメンバーが参画しています。交流があった高校の教員や生徒会役員に声をかけたり、中学校時代の同級生から生徒会役員につなげてもらうなどして、その輪を広げていくことで参加校を増やしてきました。文化祭訪問や文化祭内での生徒会ブースを設置して、活動をアピールする機会も多く作られてきました。

## ●活動内容

年間5回程度の定例会を開催し、多摩地域を中心としながらも、関東広域圏も含めて毎回20～30名の中高生が参加しています。運営メンバーが所属する学校を会場として使用するため、会場校の生徒会顧問が同席していますが、運営はすべて約10名の中高生の生徒会役員が担っています。協議会の参加は、学校単位ではなく個人単位で行われており、その運営メンバーには、議長・副議長・書記・広報の役割があり、参加校の役員から選出され、その中から役割が振り分けられています。また、可能な限り毎回の開催場所を異なる学校に設定することで、学校の雰囲気や生徒会活動が見学できるような形がめざされています。これにより、学校や行事の雰囲気や活動内容を共有する絶好の機会にもなっています。

議論はそれぞれの意識向上を図るとともに、生徒会活動の改善に向けた内容で展開しており、実際にこれまで開催された定例会での議論テーマには、以下のようなものがあります。

**2019年度の議論テーマ**

第1回「今年の目標――これからの生徒会」
第2回「生徒会と文化祭」
第3回「生徒会がつくる地域交流を考えよう！」
第4回「生徒の自由を失わないためには」
第5回「スムーズな活動をするために」
第6回「一年のふり返り――これからの生徒会」

毎回の定例会では、このようなテーマについてディスカッションを展開しています。テーマから議論する内容を運営メンバーで考え、40分―60分程度の時間を2～3クールで展開します。この議論にあたっては、参加者を約5

人程度のグループに分け、アイスブレイクを開催してから、ディスカッションに入ります。各グループの議論は、それぞれのテーブルで結論が異なりますが、それぞれの議論を参考に各学校での活動に反映できることが、多摩生徒会協議会の魅力の1つとなっています。

**●特色ある活動**

定例会における生徒会間の意見交換に留まらず、団体を基盤とした社会参画活動に取り組んでいます。２０２０年からのコロナ禍によって、対面での活動が制限された時期には、オンラインで定例会を行う中で次のような取り組みが相次いで行われました。

**［文化祭実態調査］**

２０２０年5月に東京都教育委員会が発行したガイドラインで都立学校において「12月までに実施予定の、児童・生徒等が学年（学部）を超えて一堂に集まって行う活動（文化祭、体育祭等）、宿泊を伴う行事や校外での活動は、延期又は中止する。」とされたことを受け、「新型コロナウイルス感染拡大に伴う文化祭に於ける各学校での対応」の調査を実施し、88サンプル、17都道府県、62校のデータを集めました。こうしたデータを活用して各学校で議論することで、多くの学校で文化祭の開催へとつながりました。

【TaMaSKプロジェクト】

感染症の拡大時に、日本中がマスク不足に陥ったことにより、政府よりマスクが配布されましたが、給付の対象外であったホームレスの方々に目を向け、約3000枚のマスクを寄付する活動が行われました。

【全国オンライン文化祭】

多摩生徒会協議会が主催し、関西生徒会連盟の運営メンバーと連携して実施した企画です。企業協賛を募り、開催されました。教員や大人が用意した文化祭や体育祭などの「機会」や「場」ではなく、生徒自身の手でコロナ禍の状況を打開するとのコンセプトの元、応援してくれる企業や社会人などのサポートも得て「有名アーティストと全オン前夜祭!」「謎解きクイズ」「全国ご当地クイズ!」などが行われました。

**多摩生徒会協議会のここがポイント！**

- 生徒主体で運営している生徒会団体が、意見交換に限らず、様々な企画を立案して運営している点
- 社会参画への意識を持った活動が、生徒会団体の運営で行われている点
- 地域の中で継続的な活動を展開している点

優良事例⑪

# 熊本魅力推進生徒会

## ●沿革・目的

2つ目の事例が「熊本魅力推進生徒会」です。

熊本魅力推進生徒会は、2023年度に熊本市から「生徒主体の学校運営プロジェクト」の事業委託を受けた一般社団法人生徒会活動支援協会がサポートを行う中で、熊本市立千原台高等学校と熊本市立必由館高等学校の生徒会役員メンバーなどから「市内にある他の高等学校・支援学校にも意見を聞いて、高校としての意見を一緒に考えたい」との意見が出たため、両校の生徒会を中心に熊本市内の公立私立の高校に声をかけ「熊本市内高等学校生徒会意見交換会」を開催。この会の中で連盟組織として設立されたものです。

この会には、熊本市内16校が参加しています。

●活動内容

熊本魅力推進生徒会では、高校生が考えた考えた熊本市をより魅力化していくための政策提言「魅力ある熊本市にするための提案」を熊本市長と熊本市教育長に向けて実施しました。

これをきっかけに、熊本市議会が開催する「熊本市議会高校生議会」にも熊本魅力推進生徒会の高校生21名が参加し、国際交流、にぎわい創出、都市交通について市議会議員たちとの協議も実施しました。

**熊本魅力推進生徒会のここがポイント！**

- 地域生徒会が自治体と連携し、市長や教育長に対して自治体の未来について政策提言を行っている点
- 提言を受けた市長や教育長、自治体側も積極的に政策を反映しようとしている点
- 高校生議会が地域生徒会と連携し、生徒会の代表者によって実施された点

## 高校生が市長・教育長にプレゼンする様子

熊本市教育委員会提供

優良事例⑫

# 千葉市教育委員会による実態調査と、千葉市中学校生徒会交流会での活用

## ●沿革・目的

3つ目の事例が千葉市教育委員会による実態調査と千葉市中学校生徒会交流会における調査結果の活用の取り組みです。

「千葉市生徒会交流会（以降：本交流会）」は、千葉市内の中学校の生徒会活動活性化を目的として発足し、現在もオンライン等で開催されています。

本交流会は、千葉市教育委員会が主催し、市立中学校全54校の生徒会役員と担当教員が参加し、これまで活動してきた生徒会の成果と課題についての情報交換や、今後の生徒会活動のあり方についての話し合い活動を行ってい

ます。

## ●実態調査の内容と活動内容

2015年と2016年に千葉市教育委員会が、千葉市立中学校全55校（当時）への生徒会活動に関する調査を実施しました。

生徒会の役員選挙における競争選挙の実施実績や立候補に対する顧問など教員の関わり、生徒会活動での主な活動内容についてや、行事における教員と生徒会の役割や関係性、生徒総会の実施実績、生徒会予算、生徒会の課題などが幅広く調査されました。当時の千葉市および千葉市教育委員会では、生徒会の専門家をアドバイザーとして委嘱しており、本調査や交流会の実施についてもこのアドバイザーのサポートのもと行われました。

調査結果をグラフ化するとともに、各学校ごとの生徒会のデータを掲載し、活動状況等を比較できるようにして、千葉市中学校生徒会交流会の全学校に共有して生徒会活動を活発化するための参考としました。

第1部第2章の「生徒会実態調査からみる生徒会のいま」で紹介したデータがこの千葉市で行った調査結果です。

**千葉市教育委員会による実態調査のここがポイント！**

- 教育委員会が主導し、自治体の生徒会の実態調査を全校調査で行った点
- 地域における生徒会交流会自体はそれほど珍しい事例ではなく、全国でも散見されるが、生徒会の実態調査結果を各学校の生徒会役員に共有・活用することで、活性化した点
- 生徒会の専門家を外部からアドバイザーとして委嘱していた点

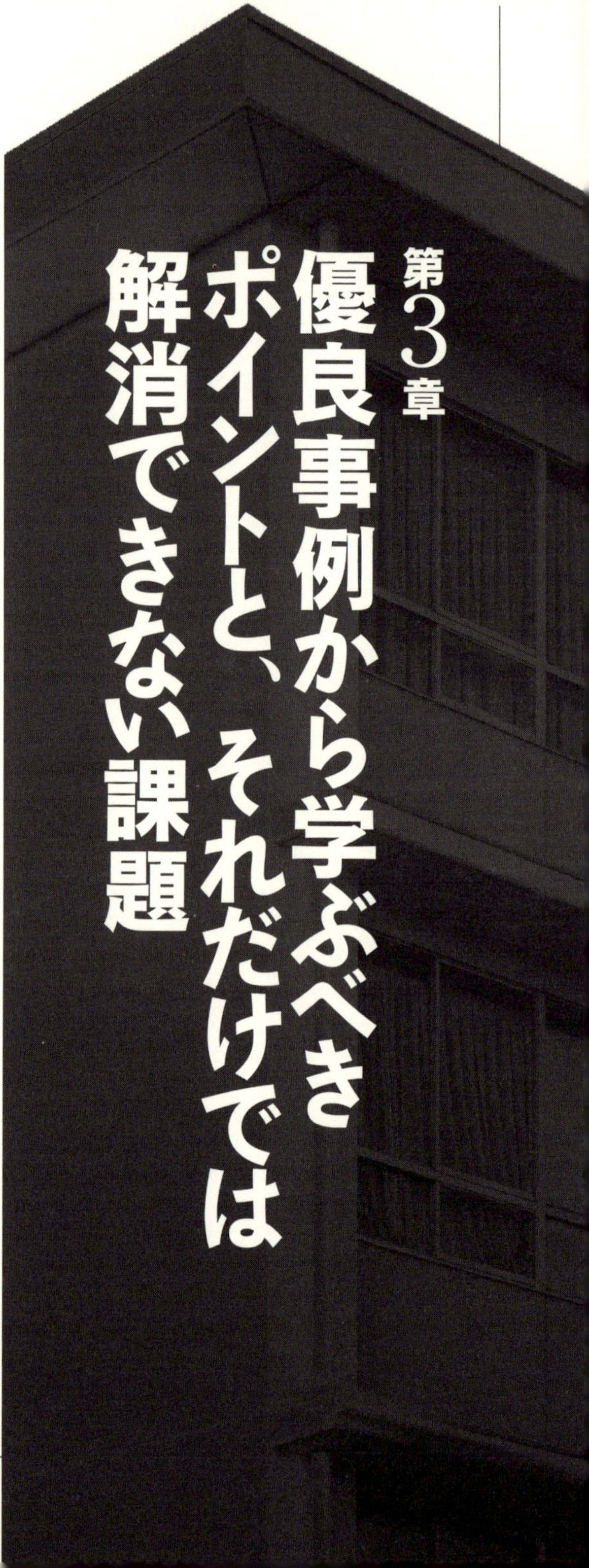

# 第3章 優良事例から学ぶべきポイントと、それだけでは解消できない課題

## （1）学校内の「生徒会」活動への活用

第1章では、学校における生徒会活動の課題を解決するために9つの優良事例を紹介しました。

1つ目の「生徒会活動が一部の生徒会役員の活動になっている」という課題については、その解決のために、どの学校でも行っている投書箱や目安箱を発展させ、生徒が投稿しやすいようにガイドラインを作り、また実際の活動とのつながりを見やすくするために投稿内容のデータ化を進めたり（優良事例①）、「実行委員会制度」という仕組みを作り、生徒参画を進めている事例を紹介しました（優良事例②）。これらの事例のように、学校が抱える大きな課題ごとに意思決定権まで生徒に与え、教員と対等に議論して決められる仕組みは課題解決につながりやすく、生徒がより生徒会活動に関心を持つ可能性があるといえます。

一方、1つ目の課題に限らず注意したい点があります。それは、前述のような「アイデアペーパー」や「実行委員会制度」だけが唯一の解決策でもなければ、この活動をすれば解決できるという完全な解決策でもないということです。

実際に取り組む際には、それぞれの学校ごとに「どうすれば生徒会活動が全校生徒による活動になるのか」という本質に立ち返り、それを阻害している要因は何なのかと考え、解決策となる取り組みを考え実施していくとともに、活動の1つ1つを常により良くしていこうと見直しを続けることが大切です。生徒会活動は、一部の生徒会役員だけで行うことはできません。まずは、生徒会役員全員から、その次は委員会の生徒などを巻き込んで、さらに全校生徒で、と順番に「生徒会の輪」を広げ、より多くの生徒や教員と現在の生徒会や学校の課題について考え、行動することで、生徒会活動を活性化し、さらに魅力的な学校を作れるはずです。

2つ目の「校則などルールの見直しが教員主導になっており、生徒主体ではない」という課題についてです。これについては、単に校則の見直しを行うだけではなく、校則の見直し方法を制度化した事例(優良事例③)と、生徒に関わるルールは校則だけでないことを踏まえ、特に生徒会の活動内容に明記されている生徒会規程について、役員以外の生徒も巻き込みながら見直しをした事例(優良事例④)を紹介しました。

校則や生徒会規程等の見直しは、「自分たちに関わるルールを自分たちで決める」という活動であり、生徒が主体的に自らが必要と感じる校則等の見直しを行っていくことが、民主的な市民を育てることを目的とした生徒会活動においても特に重要な活動です。

また、生徒主体で校則等の見直しを進めようとしても、見直しをどういった過程で実施していけばいいのかが分からず、うまく活動が進まなかったり、生徒総会での決定をもとに校則の見直しを求めても、教員側から理由の説明もなく認められないケースもあります。こうした状況に対し、校則等の生徒に関わるルールを見直す過程自体を制度化することには大きな意味があります。

3つ目の「生徒が生徒会予算の編成に関われていない」という課題については、各部活動予算作成を生徒自身が実施し、さらにその評価基準の見直しを行った事例（優良事例⑤）を紹介しました。

現在、生徒会予算を教員が決める学校が増えており、前年度の決算の報告や新年度の予算の承認を生徒総会で形式的に行っている学校も多くあります。教員主導や前年踏襲で、各年度の生徒が主体的に関わらないで作られた予算や決算の承認だけが生徒総会で実施されるという状況は、一般生徒に対し「生徒会活動では自分たちの学校生活は変わらない」というメッセージを発することになっていないでしょうか。

予算に生徒が関与できないことは、財政民主主義を学ぶ機会を奪うことにほかなりません。ルールメイキングと予算提案・決定の権限は学校内における生徒会活動の非常に大きな要素です。まずは生徒に予算編成に関わってもらうところからでも実施してみてください。

4つ目の「学校の中に民主的な仕組みが作られていない」という課題については、「三者協議会」の活性化の事例（優良事例⑥）を紹介しました。第3部で海外における「学校会議」の事例を紹介しますが、国内においても、生徒会と学校側とが同じテーブルで議論する場として「連絡協議会」や保護者も加えた「三者協議会」の事例があります。

校則等の見直しを進めるにあたって、生徒会と学校側との調整過程として三者協議会には大きな可能性があるといえます。また、1つ目の課題で紹介した「実行委員会制度」も、三者協議会の前段としての取り組みとして効果的です。

過去の生徒会大賞では、この課題に関連し、クラス代表により構成された立法組織である生徒議会の中に、生徒会執行部や議会自体の活動をチェックする「野党勢力」を作り上げた取り組みが受賞したこともありました。多くの学校で生徒会活動は先生の意見に近い考えを持った執行部の役員のみが取り組む活動になっており、生徒会の中で「立法」を担う議会組織はほとんど実質的な活動をしていないことがあります。議会の中に「野党」の仕組みを作ることは、こうした状況を変え、より多くの考えを持った生徒の意見を生徒会活動に反映させていくユニークな試みといえます。

5つ目の「生徒との関係性や距離感など生徒会顧問の関わり方が分からない」という課題についてです。これについては、他校から学ぶことを生徒に促し、先進事例を視察させて自校の改善につなげた事例（優良事例⑦）と、生徒の自主性を尊重して任せるために、生徒たちがのびのびと生徒会活動を行える環境整備として、学校側や他の教員との調整を行っている事例（優良事例⑧）を紹介しました。

生徒会顧問については、十分な指導法等が確立されないまま、校務分掌の中の一業務として担われている現状があります。こうした現状に対し、まずは、生徒会顧問同士が情報を共有するほか、先進事例の蓄積を進めることは生徒会の活性化にとって非常に効果的です。現状の生徒会活動の一端は、熱意ある生徒会顧問に支えられている部分もあります。生徒会顧問についてもさらに多くの優良事例を共有するとともに、教員養成課程等での生徒会顧問養成や、生徒会顧問の研修の整備など生徒会顧問としての質を向上させていく仕組みをさらに充実させていく必要があります。また同時に、生徒会顧問の多忙化など、生徒会顧問を取り巻く環境整備を行っていくことも重要です。

## (2) 地域における「生徒会」等の活動への活用

第2章では、地域における生徒会の連盟や生徒会団体について4つの優良事例を紹介しました。多くの生徒会において、学校外の社会における生徒会活動が単なるボランティア活動のみになっている問題があります。学校を超えてまちづくりなどに対して活動を行うなど、生徒会を通じた社会参画を進めていくことが重要です。

今回紹介した4つの事例は、全国から毎年100人以上の生徒会役員が集まり様々な議論を行う全国大会を高校生たち自らが運営している事例(優良事例⑨)、地域における生徒会の連盟組織を設立し、各学校の生徒会の情報を共有し合うとともに主体的に事業化し、活動を長期に渡り継続している事例（優良事例⑩）、生徒会の連盟組織が行政や教育委員会と連携し、地域の高校生の声を政策提言として市長や教育長などに届けている事例（優良事例⑪）、教育委員会が主体的に地域における生徒会の実態調査を行い、地域の生徒会活動支援につなげている事例（優良事例⑫）でした。

各校の生徒会が生徒会団体や地域生徒会に参加することにはいくつものメリットがあります。

1つ目は、他校の事例を共有できる点です。学校における生徒会活動を今まで以上に活発にするためには、先進的に取り組んでいる他校の生徒会活動は非常に参考になります。例えば、生徒会長としての悩みを共有できる仲間は校内にはいないかもしれません。しかし、同世代のリーダーと出会うことで多くの刺激をもらえます。

2つ目は、他校と協力して生徒会活動に取り組める点です。生徒会活動を行う中で、1校単位では解決できない困難に直面するケースもあります。そうしたとき、複数の学校で協力することで少しでも解決につながる可能性が高まるはずです。例えば、生徒会に関する調査を行うよう要請する、まちづくりに参画して声を届ける、さらには生徒会の仕組みの改善も含め国に新たな制度を作ってもらうよう要望することもできるかもしれません。

地域生徒会や生徒会団体はまだまだ少なく、皆さんの地域には生徒会団体や地域生徒会がないかもしれませんが、生徒会団体の活動もコロナ禍以降はオンラインとのハイブリッド開催などが増えています。関心を持った方は、全国にはどんな活動をしている団体があるのか、インターネットやＳＮＳで調べてみてください。

また、他地域の活動を参考に、仲間を募り、自分たちで団体を作り、地域の生徒会の輪を広げる行動を起こすのもよいでしょう。そうした社会参画については、まだまだ国内には優良事例が少ないのが現状です。そこで、次の第３部では、海外のより先進的な事例を紹介します。

# 第2部　日本全国の優良事例から学ぶ「生徒会」を変えるヒント

## 第3章　優良事例から学ぶべきポイントと、それだけでは解消できない課題

# 第3部
# 世界における「生徒会」の先進事例

ここまで、国内における生徒会の活動について書いてきましたが、生徒会があるのは日本だけではありません。世界における生徒会ではどのような活動をしているのか、世界で最も進んだ生徒会について考えるにあたり、特に若者参画などで先進的な取り組みを行っているヨーロッパ諸国の活動を紹介します。

第1章では「学校会議」を、第2章では生徒会の全国組織や州組織、支援組織を、第3章では「学校民主主義」という考え方を、第4章ではまちづくりや国レベルの政策形成に参画するもう1つの生徒会を取り上げます。ぜひ日本で同じような取り組みをするとどういうものになるのかと想像しながら読んでみてください。

## 第1章

# ヨーロッパにおいて学校経営に生徒が参画する「学校会議」の仕組み

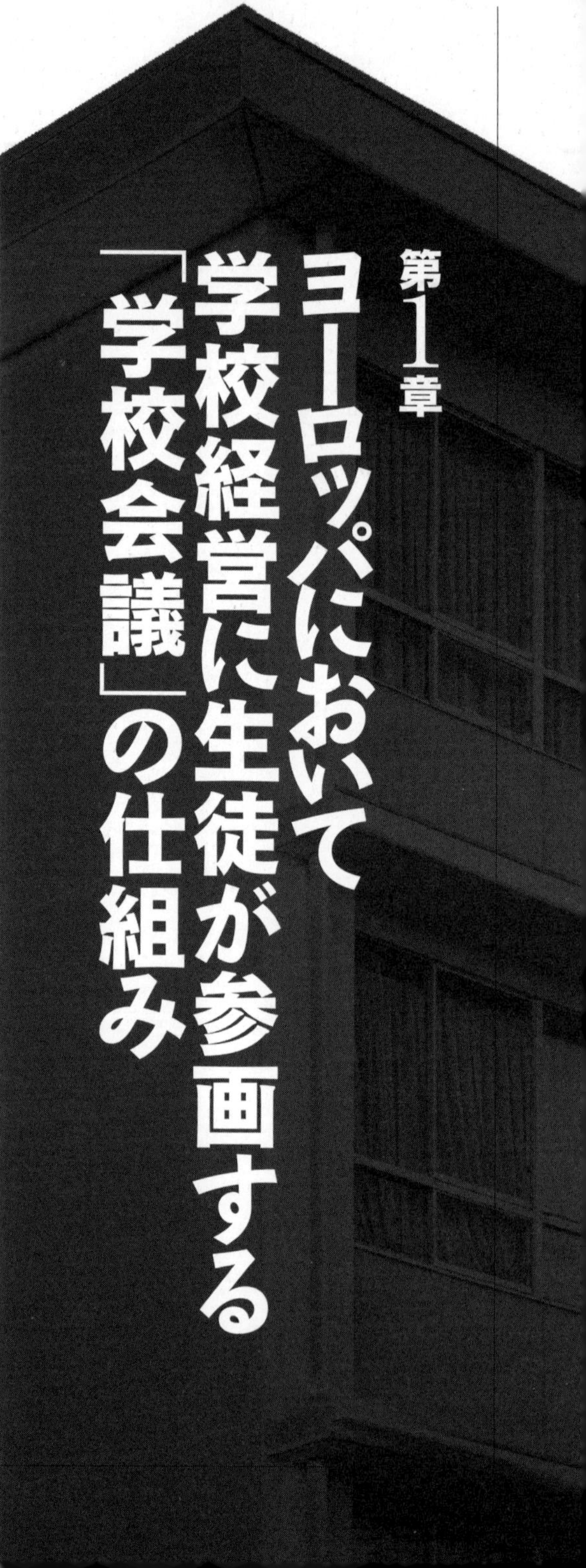

若者参画の先進国といえるスウェーデンやドイツなどヨーロッパ諸国では、その主役となる子どもや若者の声を聞くことにおいても進んでおり、生徒会活動においても参考になる点が多くあります。年齢や成長に合わせて幼少期から様々な形で意見表明をしたり、まちづくりに関わる段階的な受け皿が用意され、子どもや若者はそうした仕組みを通じて実際に参画することで、民主的な市民として成長していくことが期待されています。この章ではヨーロ

ッパ諸国の世界最先端の生徒会とその周辺の取り組みを紹介します。

若者参画先進国においては、生徒会が民主的な市民教育としても、また生徒たちが学校現場などにおいて自ら関わる自治の仕組みとしても重要な役割を担っています。その象徴としてヨーロッパのほとんどの国には「学校会議」や「学校協議会」と呼ばれる学校の最高意思決定機関があります（**図表3－1**）。

スウェーデンでは、学校ごとにこの学校会議や学校協議会が設置されており、生徒は学校の意思決定プロセスに関与します。大枠の協議については学

**図表3-1：欧州諸国における学校会議（学校協議会）のモデル**

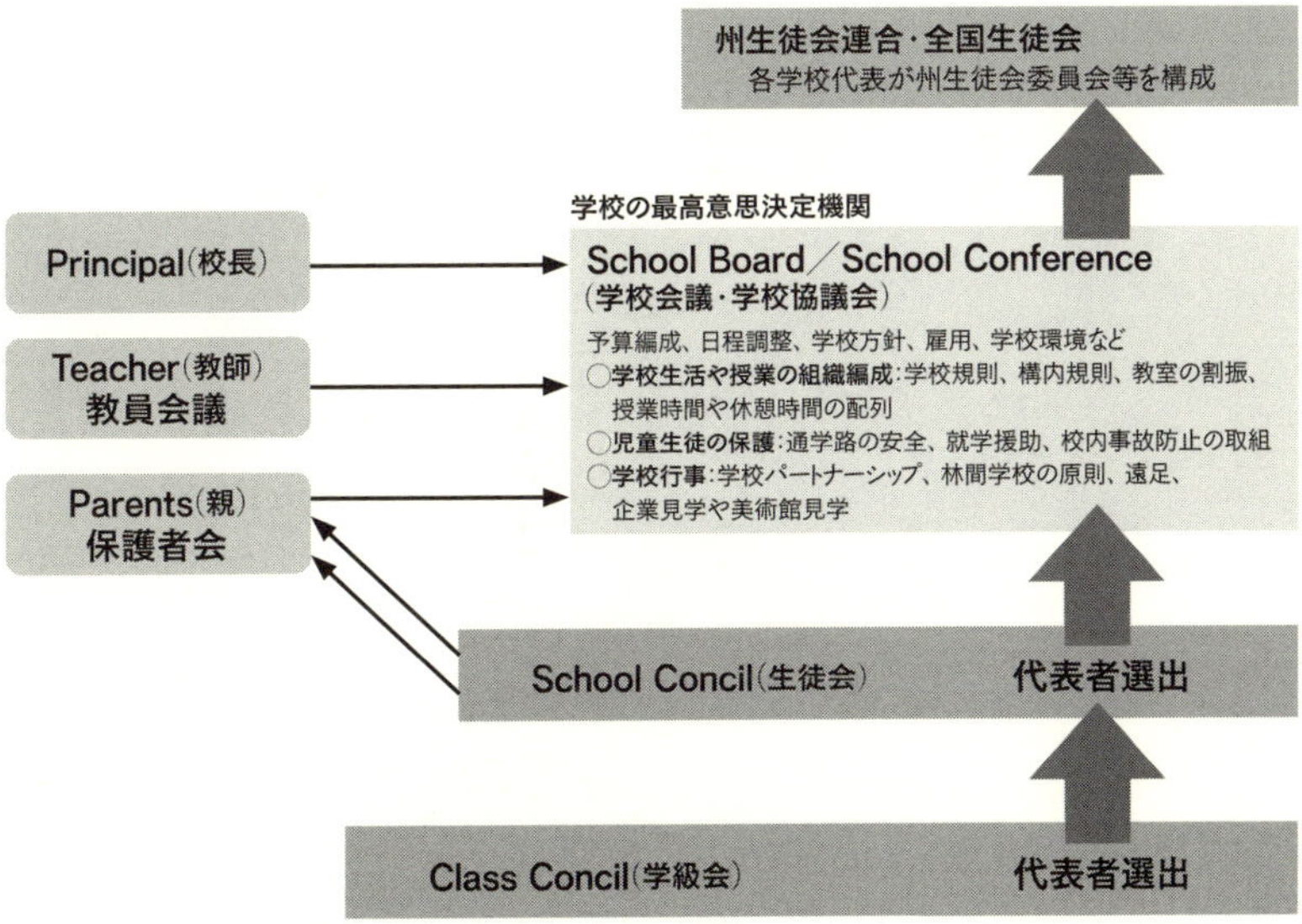

校会議や学校協議会で行われますが、細部については生徒と教員が教室の中で話し合うケースも多く、高校レベルでは授業内容について生徒と教員が協議することもあります。

同様の仕組みはドイツにもあります。ドイツでは、学校ごとに学校会議を設置することが州の学校法に定められており、学校における意思決定機関のメンバーとして校長や教員、保護者、地域の人、弁護士などの専門家等に加えて生徒代表も参加することとなっています。

学校会議は、半年に1〜2回の頻度で開催されることが多く、その役割は多岐に渡ります。学校規則、校内規則、授業時間や休憩時間の配列、教室の割り振りといった「学校生活や授業の組織編制」をはじめ、通学路の安全、就学援助、校内事故防止など「児童・生徒の保護」、学校パートナーシップ、林間学校の原則、企業見学や美術館見学、遠足といった「学校行事」まで幅広く関わります（**図表3－2**）。

日本との比較のため、ヨーロッパ各国の「学校会議（学校協議会）」の現状についての調査結果も紹介します。

## 図表3-2:欧州諸国における学校会議(学校協議会)の権限(調査国33ヵ国中)

| | | 小学校 | | | | | 中学校 | | | | | 高校 | | | | |
|---|---|---|---|---|---|---|---|---|---|---|---|---|---|---|---|---|
| | | 意思決定 | 意見表明 | 情報伝達 | 学校によって異なる | 権限委譲なし | 意思決定 | 意見表明 | 情報伝達 | 学校によって異なる | 権限委譲なし | 意思決定 | 意見表明 | 情報伝達 | 学校によって異なる | 権限委譲なし |
| ルール | 国の数 | 2 | 5 | 0 | 7 | 0 | 7 | 7 | 1 | 7 | 2 | 11 | 11 | 0 | 7 | 2 |
| | 例 | | | | 英 | | 仏 | 独 | | 英 | | 仏 | 独 | | 英・ス | |
| 課外活動 | 国の数 | 1 | 6 | 0 | 7 | 0 | 7 | 8 | 1 | 6 | 2 | 9 | 13 | 0 | 7 | 2 |
| | 例 | | | | 英 | | 仏 | 独 | | 英 | | 仏 | 独 | | 英・ス | |
| 予算 | 国の数 | 0 | 4 | 0 | 8 | 2 | 3 | 7 | 1 | 8 | 5 | 6 | 10 | 2 | 8 | 5 |
| | 例 | | | | | 英 | 仏 | | 独 | | 英 | 仏 | | 独 | ス | 英 |
| 計画 | 国の数 | 0 | 5 | 1 | 7 | 1 | 3 | 10 | 1 | 7 | 3 | 6 | 15 | 0 | 7 | 3 |
| | 例 | | | | 英 | | 仏 | 独 | | 英 | | 仏 | 独 | | 英・ス | |
| 補修 | 国の数 | 0 | 4 | 0 | 7 | 3 | 3 | 8 | 2 | 7 | 4 | 5 | 14 | 1 | 7 | 4 |
| | 例 | | | | 英 | | 仏 | | 独 | 英 | | 仏 | | 独 | 英・ス | |
| 教材 | 国の数 | 0 | 3 | 1 | 8 | 2 | 3 | 6 | 3 | 8 | 4 | 5 | 10 | 2 | 8 | 5 |
| | 例 | | | | 英 | | 仏 | | 独 | 英 | | 仏 | | 独 | 英・ス | |
| 成績の基準 | 国の数 | 0 | 2 | 2 | 7 | 3 | 2 | 5 | 2 | 7 | 8 | 3 | 7 | 3 | 6 | 12 |
| | 例 | | | | 英 | | | | 独 | 英 | 仏 | | | 独 | 英 | 仏・ス |
| 生徒の退学 | 国の数 | 0 | 3 | 0 | 8 | 3 | 0 | 5 | 1 | 8 | 10 | 2 | 9 | 0 | 8 | 12 |
| | 例 | | | | 英 | | | | | 英・独 | 仏 | | | | 英・独・ス | 仏・ス |
| 教育内容 | 国の数 | 0 | 2 | 1 | 8 | 3 | 2 | 2 | 2 | 6 | 10 | 2 | 7 | 1 | 7 | 14 |
| | 例 | | | | 英 | | | | | | 独・仏 | | | | 英 | 独・仏・ス |
| 教員の解雇 | 国の数 | 0 | 0 | 1 | 8 | 5 | 0 | 0 | 1 | 8 | 15 | 1 | 1 | 2 | 7 | 20 |
| | 例 | | | | 英 | | | | | 英 | 独・仏 | | | ス | 英 | 独・仏・ス |
| 教員採用 | 国の数 | 0 | 0 | 1 | 9 | 4 | 0 | 0 | 1 | 10 | 13 | 0 | 1 | 2 | 9 | 19 |
| | 例 | | | | 英 | | | | | 英・独 | 仏 | | | ス | 英・独・ス | 仏・ス |

※英:イギリス/仏:フランス/独:ドイツ/ス:スウェーデン

調査対象となった33ヵ国中の28ヵ国で、学校会議についてのルールやガイドラインが国で作られています。学校や自治体などの地方権限で位置付けられている国も合わせれば、ほとんどの国で学校会議についての仕組みが整備されているのです。そのうち11ヵ国では小学校からこの学校会議が位置付けられているというから驚かされます。

また、ドイツやフランスなどでは学校会議を公的に位置付ける傾向が強いのに対して、イギリスやスウェーデンなどは学校や地域などに委ねるなど、ヨーロッパ諸国の中でも国ごとに位置付けが異なるのも特徴です。

各国の学校会議の権限については、設置されている国や年齢によっても大きく異なります。基本的には小学校より中学校、中学校より高校と、年齢が上がるほど権限が強くなっていきます。

例えば、中学校や高校になると学級会については多くの国で公的なルールが定められていますが、小学校においてはこうしたルールはない国がほとんどです。また、生徒会役員選出については、日本のように選挙による方法が必ずしも一般的ではなく、むしろクラス代表が生徒会役員を兼務するほうが多かったりします。学校会議のメンバー選出についても、ドイツも含め最も多かったのは生徒会による指名でしたが、フランスでは全校生徒による選挙であるほか、スウェーデンでは学校側が任命、イギリスでは選挙と指名により一部を決めるなど国によって選出方法は異なります。

各国の学校会議の権限についても、設置されている国や年齢によっても違いがあります。イギリスやスウェーデンなどでは学校に委ねられているケースが多いのですが、ドイツやフランスでは逆にしっかりと公的なルールで権限まで位置付けられています。

# 第2章 生徒会の全国組織や地域組織、生徒会を支援する仕組み

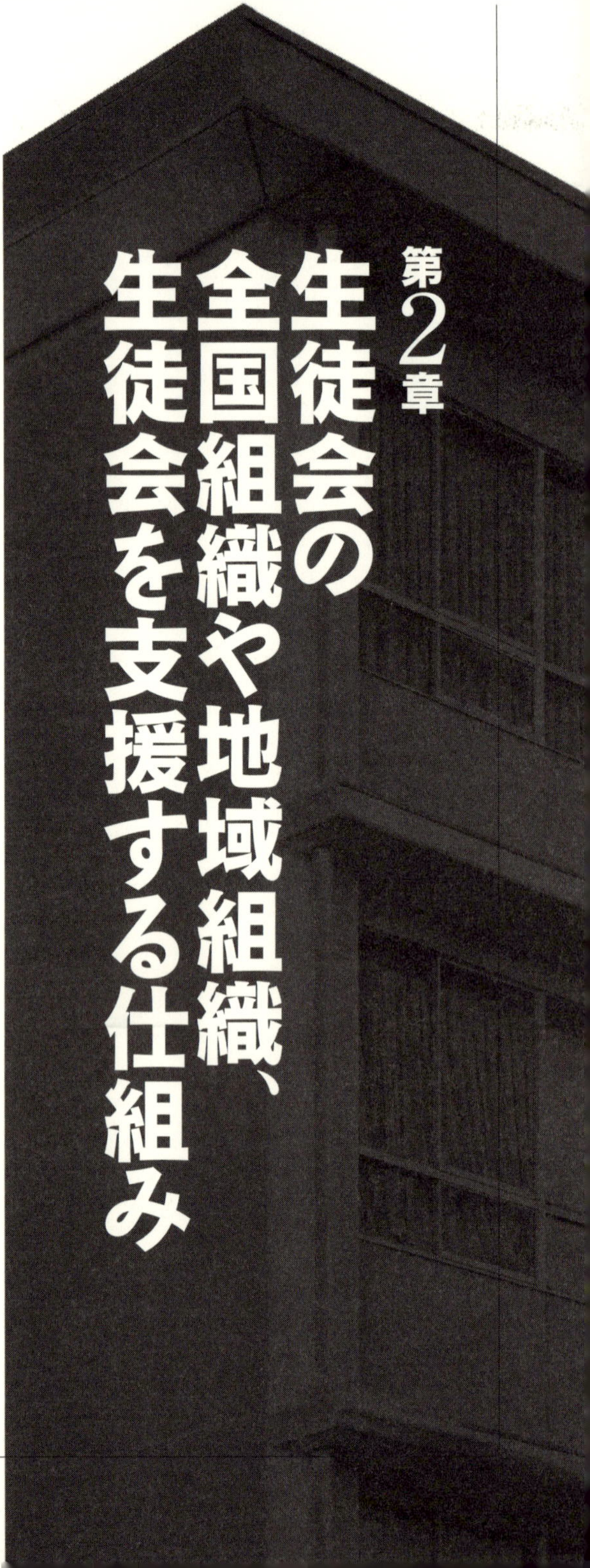

## （1）生徒会の全国組織「全国生徒会」の取り組み（スウェーデン）

ヨーロッパにおける若者参画先進国では、生徒会にも全国組織や地域連合体組織、支援組織などが整備されています。

スウェーデンには生徒会の全国組織「全国生徒会（Swedish Student Council：SVEA）」があります（図表3–3）。全国生徒会は、学校の生徒会のための共同

組織であり、1994年に設立された最も大きな若者団体の1つです。

全国生徒会が活動する分野は5つあります。

1つ目が、生徒会のキャンペーンや式典などを通して生徒の権利に対する意識を高めること。2つ目が、生徒に関わる機関や生徒会、生徒への影響を調べ、生徒会がそれぞれの学校で良い結果を残し続けられる方法や優良事例を普及すること。3つ目が、リーダーシップや活動の進め方（プロジェクトマネジメント）、生徒の権利などについて、生徒会役員向けの包括的なトレーニングを実施し、生徒会を地域レベルで発達させ、

**図表3-3：スウェーデンやドイツにおける生徒会組織・支援イメージ**

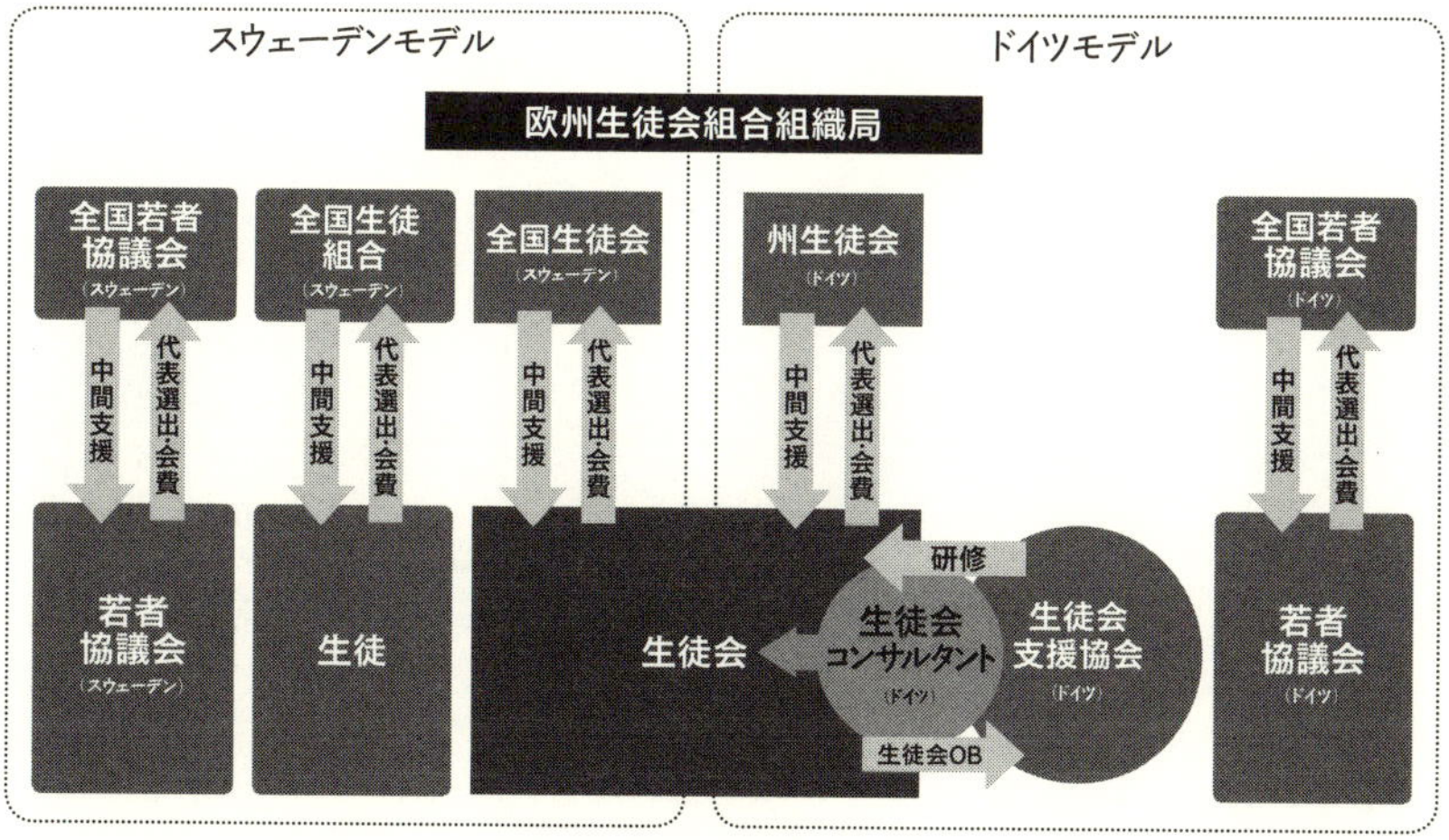

個々の学校の生徒会の活動も活発にさせること。4つ目が、学校会議設置の義務付けなどを求めるロビー活動を行うこと。5つ目が、全国的な生徒会間の交流を促進し、共同事業を始める機会とすることで、国家レベルでの生徒会の発展をめざすことです。

全国生徒会での権限は年齢に関係ないため、執行委員会の17歳の生徒でも1000万円以上の巨額の予算を扱っています。最も大きな事業は、年3回行う生徒会役員を教育するための全国規模の大会の開催です。この大会には全国から生徒会長や副会長200~300人が参加します。

スウェーデンの全国生徒会では、政治家、国会議員、政府、国会などへ要望を行うロビー活動も重要な要素であり、全国生徒会の代表自らが行います。ロビー活動は校長に対して要望するなど学校現場でも行われ、それによりアイデアの実現には何が必要なのかを知ったり、年上の人とどう接するかを学ぶトレーニングにもなるなど、教育の一環にもなっています。

なお、ロビー活動には利益関係者と話す方法と、メディアを通じて行う方法がありますが、全国生徒会では自分たちの要求の実現性を高めるために、

2ヶ月に1度は7つある国政政党の各教育担当者に会うようにしているほか、学校教育庁長官や各省にも学期に1度訪問します。全国生徒会の代表は、こうした活動を通じて政府関係者や政治家と個人的な人間関係を作り上げることもロビー活動において重要だと話していました。この全国生徒会は、2020年に「生徒会全国協議会（ER）」に名称を変更し、現在にいたっています。

## （2）地区や市、州ごとにも整備された生徒会組織と生徒会支援組織（ドイツ）

ドイツでは、各学校に生徒会が置かれているほか、地区や市、州レベルに「生徒会連合」が存在します（図表3−3）。ドイツは連邦制が取られ、特に教育については州ごとに分権化されているため、生徒会連合の構造も州ごとに異なりますが、多くの場合、市や地区で選出された代表者が「州生徒会」に参加します。生徒会の権限や予算も州ごとに異なり、100万円程度の州から3000万円以上の予算がつく州もあります。生徒たちは、予算が足りない場合は、自らスポンサーを集めます。

生徒会活動活性化の仕組みについては、生徒のためのものばかりでなく、顧問を取り巻く仕組みについても整備されています。学校での生徒会活動には顧問が1～2名いるのですが、顧問は生徒会の指名によって決定します。したがって生徒会活動に理解のある教員を選べるほか、顧問も生徒から選ばれるため熱心な教員が多いといいます。顧問に選ばれた教員は授業の持ちコマの一部を生徒会指導に割り当てることができ、実質的なコマ削減になり、生徒会顧問を担うことが負担にならないようになっています。

州生徒会についても顧問が3～5名程度いますが、同様に授業の持ちコマが減らせるようになっています。また、生徒会に関する指導事項等には守秘義務が発生し、顧問は他の教員にすら話すことはできないようになっています。

さらにドイツには生徒会を支援するための「生徒会支援協会（ＳＶＢ）」という組織も存在します。生徒会役員約20名が5日間で活動の進め方などについて学ぶ「生徒会コンサルタント養成研修」を年1回行っているほか、受講した生徒たちが「生徒会コンサルタント」として登録され、他校で講師として20～60名を対象に「生徒会コンサルタントセミナー」を年間50～１５０回程度開催し指導できる仕組みを作っています。

こうした同年代で対等な関係で学び合う仕組みは「ピア・トゥ・ピアシステム」と呼ばれ、非常に高い効果を生んでいます。生徒会役員たちは、生徒会の権利と義務、活動の進め方、広報の方法、議論の進め方、チームの作り方、スピーチの仕方、司会進行に必要な技術等について学びます。生徒会支援協会自体も生徒会役員経験者などを会員にしており、生徒会役員が卒業後も生徒会活動に関われるシステムになっています。

## （3）生徒会とは別に存在する生徒組合にも全国組織が整備（スウェーデン）

スウェーデンには生徒会とは別に「生徒組合」というものがあります。生徒組合は、生徒が横でつながり、生徒の権利を守る組織です。労働組合の高校生バージョンだと思うと理解しやすいかもしれません。

生徒会が「代表民主主義的」であるのに対して生徒組合は「直接民主主義的」な組織であるといえます。教員に従属したり学校に所属するということではなく、社会において「生徒」という身分の一人ひとりがより良い生活を送る権利を保障するための活動を、当事者の生徒たち自身が行なっている組織です。

スウェーデンには、この生徒組合についても全国組織である「全国生徒組合」があります。同国においては、むしろ生徒会の全国組織である「生徒会全国協議会」よりもこの全国生徒組合の仕組みの方が本流です。

現在も生徒会全国協議会の2倍以上の300団体以上が所属し、予算は8割以上を政府からの助成金が占めますが、予算規模は約3億5千万円にもおよぶといいます。

全国生徒組合に名称変更したのは2012年ですが、1952年に創設された組織であり、生徒会の全国組織はその後の1994年に生徒会全国協議会の前身である「全国生徒会」が誕生し、現在も生徒に関わる2つの組織が並列しています。

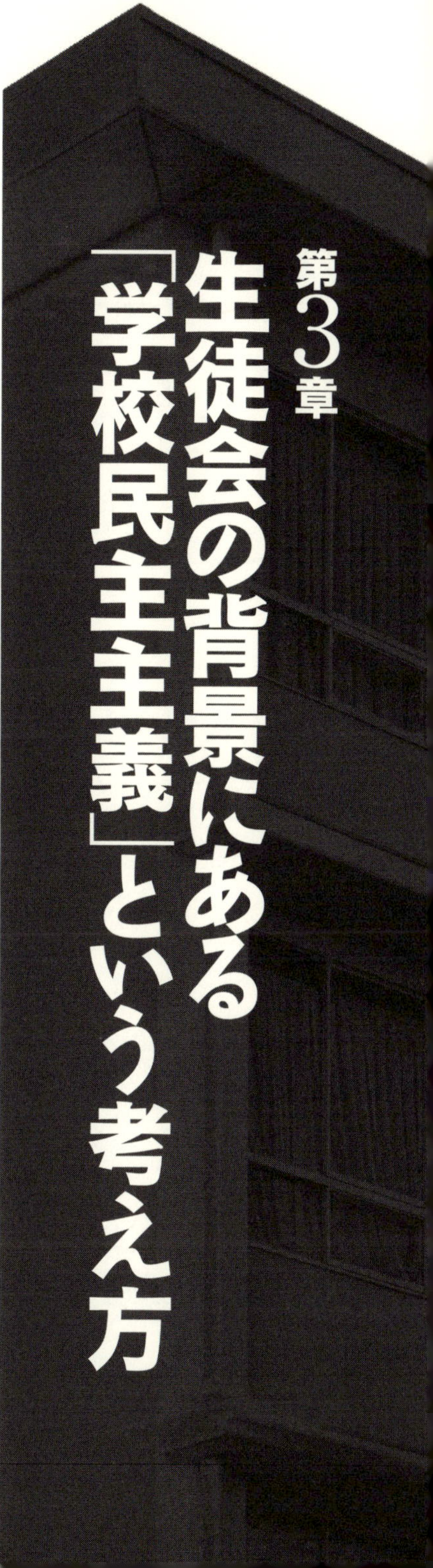

# 第3章　生徒会の背景にある「学校民主主義」という考え方

## （1）「学校民主主義」に基づいた学校運営（スウェーデン）

スウェーデンの学校では、「学校民主主義」という考え方が大切にされており、学校運営においても民主主義に基づいて行われています。スウェーデンの学校民主主義では、すべての生徒が学校運営に決定権を有する必要性がうたわれ、生徒会の活性化をさせる仕組みや、国レベルでの生徒の影響力を高める仕組みまでが整備されています。

**図表3—4**は、スウェーデンの生徒会がめざすべき生徒の影響力のステッ

プ（段階）を表したものです。

まず、ステップ０では生徒には決定事項が伝えられるだけです。

次に、提案に対して生徒からも反応して意見をいうことが可能になるとステップ１。さらに複数の提案から選択できるようになるとステップ２となり、ここで生徒に権限が発生します。

大人と同等の意思決定権を有するようになるとステップ３となり、ここまで来るには生徒への教育が必要になるとされています。そして最終的にめざすのは総合的な自己決定力を有するステップ４です。この段階は、提案の原型の作成や議論のスケジュールにも関与できます。

**図表3-4：学校運営に関する生徒の影響力のステップ**

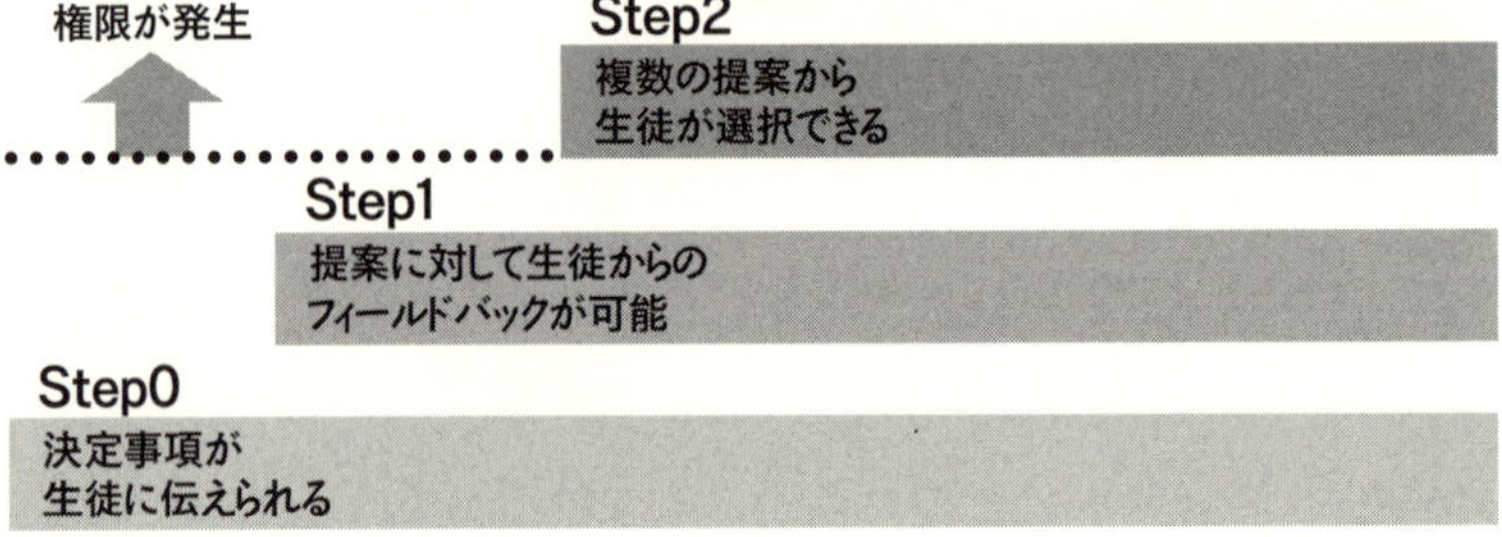
ファストプロポーザルの提案や、
議論のスケジュールにも関与できる段階
Step4
総合的な
生徒の教育が
必要となる
Step3
複数の提案から
生徒が選択できる
生徒に

具体例を「予算決定に対する意思決定権」で説明すると、ステップ0では教員などに決定された予算が生徒に伝えられるだけですが、ステップ1になると生徒から意見をいうことができるようになります。しかし、意思決定はできません。ステップ3になりようやく大人と同じレベルで予算についても意思決定できます。しかし一方でその状況になるためには生徒たちの理解力が求められ、そのためには予算に関する知識などについての教育が必要です。

### （2）管理された学校への批判から始まった「学校民主主義」（ドイツ）

ドイツ（旧西ドイツ）における生徒参画は、1950年代後半の管理された学校に対する批判からはじまりました。1970年にはその基盤が整備され、1973年にドイツ教育審議会教育委員会が出した勧告の中で、「伝統的生徒共同管理制」の問題点が指摘されると、同時に「生徒代表制」が提唱され現在にいたっています。

当時のドイツにおいて伝統的生徒共同管理制下で問題とされたのは、「教員と生徒の調和が重視されており、生徒の希望や要求を主張する行為は共同体の信頼関係を損なうと認識されてきたこと」、「学校の中心的活動である授業の計画や形成に生徒が参画することは難しかったこと」、「生徒代表の参加が形式的であり、生徒代表の権利が制限され、活動が現実の問題とは切り離されてしまうこと」といった3点でした。まさに半世紀近く経った今の日本の教育現場の課題であり、むしろ日本ではこうしたことが課題とすらほとんど認識されてこなかったことも大きな問題であるといえます。

ドイツでこうした課題を解決するために作られたのが「生徒代表制」でした。生徒代表制では学校や社会との利害対立や葛藤から出発することが前提とされ、生徒の利益代表として形作られること、授業や学校に関する意思決定に生徒が関与できることを求めており、むしろそれが生徒参加の中心的課題であるとすること、できるだけ多くの生徒の参加と活動を可能にする組織形態であることが求められました。こうした仕組みは、学校レベルの参加にとどまらず、地域レベルや州レベルでも参加組織が形成され、生徒代表の活動が意味を持つことが求められています。

## （3）幼少の頃から年齢や成長に合わせて参画する取り組み（ドイツ）

民主的な市民を育てるための取り組みは、決して学校の中だけにとどまりません。学校外での事例として、地域や自治体レベルでの子ども若者参画の取り組みについても紹介しておきたいと思います。

ベルリンのパンコウ区では、幼稚園の子どもから成人の若者まで、年齢や成長段階に合わせた参画プログラムが数多く用意されています。小さい頃から身の回りの社会的な問題について考え、関与する機会を与えられ、年齢が上がるにつれてより政治的な問題についても興味を持てるようにしています。

こうした取り組みは、単に子どもの教育機会としてだけでなく、住民参画の側面からも重要と位置付けられています。子どもや若者は、大人とは違う視点を持っているほか、彼らがやりたいことは彼ら自身が一番分かっています。自分たちの身の回りのことを自分たちで考えることは、子どもも若者にとって重要です。参画プログラムで様々な解決法を学んだ子どもは、自分に自信を持つようになり、困難な時には他の人に助けを求めることができるようになるという研究結果も出ています。

年齢や成長段階に合わせた参画プログラムの1つに「ユースジュリー（子ども審査員）」があります。ユースジュリーは、子どもたちがやりたいことを考え、それに必要なお金を申請。子どもたち自身で話し合った後、どの提案にどれだけ予算を出すかを自分たちで決める事業です。ある年には、財団と各地区が費用を出し合い、計12事業に約80万円が割り当てられました。

ユースジュリーは年2回実施され、1回につき約15のアイデアが申請されます。12～21歳であれば誰でも3人集まれば申請することができるため、子どもたちはユースクラブや学校でチームを組んで申請します。大人の役目は、みんなが意見をいえるようにすることや、会議におやつがきちんと用意されているかなど、スムーズな運営をサポートすることだけです。

選考基準も、審査員に選ばれた子どもたちが決め、自分でやりたいことはもちろん、実現できることは何かを考えます。実際に自分たちでお金を管理し、誰がどのくらいの予算をもらうかも決めます。それによる達成感を経験することが成長につながり、子どもたちにとって参画へのきっかけにもなっています。

　また、ドイツでは、地域に公園を作る際にも、実際にその公園を使うことになる近隣の子どもたちを集めて意見を聞く取り組みが各地で行われています。実際に先ほど紹介したパンコウ区には、子どもが中心となって墓地をリニューアルして作った公園があります。

　そこはもともと教会が墓地を売却した土地で、マンションの建設が予定されていましたが、行政が買い取り、子どもたちが主体となって公園にリニューアルすることになりました。子どもたちは「自然とは何か」から考え、遠足などで実際に墓地を訪れ、絶対に残して欲しいもの、大事だと思うことをリストアップしました。

　学校ではグループワークで計画を検討し、全員で議論した上で投票して設計プランを決めました。決定後は公園の模型も作成し、関係者の大人に集まってもらい、その提案も行いました。読み書きできない学年の子どもは、上級生に手助けしてもらいながら自分の考えたことを説明しました。

　大人たちの中には、大きな滑り台の設置など遊びを中心とした利己的な提案が出てくることを懸念する声もありましたが、子どもたちは公園を単なる遊び場ではなく、自然と共存し、年代問わず楽しめる場所とすることをめざしました。そのアイデアをプロの設計士が持ち帰り、実現可能性を考慮した上で子どもたちに改めてプランを提案。それを子どもたちが確認、了解して現在の形になったのです。これが端緒となり、パンコウ区では都市開発を行う際、子どもの参画が義務付けられるようになりました。

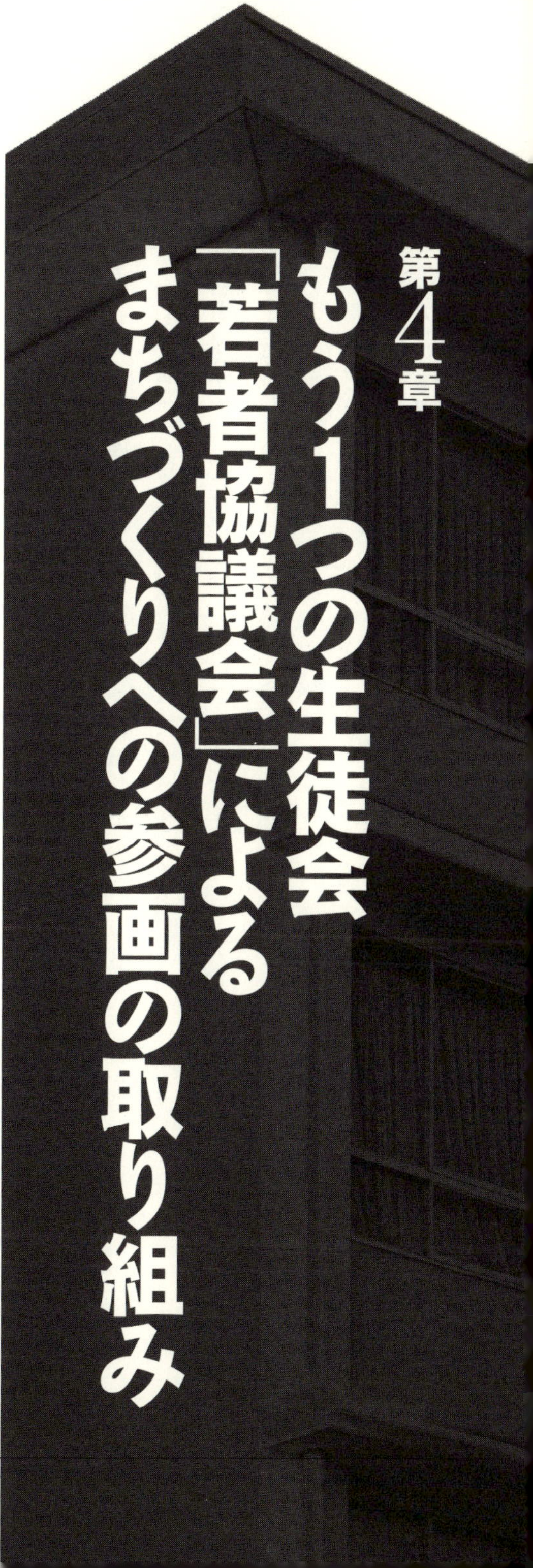

# 第4章 もう1つの生徒会「若者協議会」によるまちづくりへの参画の取り組み

## （1）「若者協議会」によるまちづくりへの参画（スウェーデン）

スウェーデンには「若者協議会（Youth Council）」という地域におけるもう1つの生徒会のような組織があります。

若者協議会は、13~25歳の会員によって構成された組織で、それぞれの地域にあり、地域の政策に若者の声を反映させること、若者自らが意思決定に参加し主体的に行動できるようにすることを目的としています。

若者協議会の運営形態や活動レベルは各自治体ごとに様々ですが、市の公的機関として積極的に自治体の政策形成に関わっている若者協議会もあります。若者協議会は、地域で要望があると設置できるようになっており、スウェーデン国内では半分以上の自治体に何らかの若者協議会が設置されています。

地域ごとの若者協議会を束ねる全国組織として「全国若者協議会（Swedish Youth Council）」があります。地域や国における様々な決定に際して、若者たちが影響力を発揮できるような環境を作る目的で2003年に設置されました。「①各地の若者協議会の教育や若者の自発的な参画に向けたサポート」、「②若者協議会間の交流機会の提供」、「③各地における若者の参画状況の調査」、「④優れた若者参画を実施している自治体の表彰」などを行なっています。

年1回の総会には120名ものメンバーが参加するほか、定期的に若者団体を訪問して優良事例の共有を行なっており、若者のためのフォーラムなどの開催、国の委託事業の実施、政治家や公務員へのロビー活動なども行っています。ただ、やはり最も重要な組織は各自治体ごとの若者協議会です。全国若者協議会は毎年その活動状況や設置状況についてのヒアリング調査も行っています。

### （2）地域、州、全国と連携した「若者協議会」の取り組み（ドイツ）

ドイツにも同様の仕組みがあります。「全国若者協議会（German Federal Youth Council：DBJR）」は、主要な27の「連邦若者団体」と全16州ごとの「若者協議会」により構成されており、連邦だけでなく州や市町村レベルでも積極的に若者の意見反映や利益向上に努めています。会員数は600万人以上と、まさにドイツ最大の若者の利益団体です。

構成団体になるためには、「16州のうち半数以上の州で活動を展開していること」、「2万人以上の会員数を有していること」、「親組織から自律的な運営体制を有していること」といった条件があります。加盟する27の若者団体には、会員数の多い労働組合やYMCA、文化や環境関連団体など多岐に渡ります。条件を満たさない団体は正会員にはなれませんが、小規模でも全国に支部がある場合は準会員組織として参加しています。

ドイツの若者連合団体は、この全国若者協議会のほか、政党青年部協議会、スポーツ青年協議会の3つがあります。国連やEUでの会合やイベントがある場合は、この3者からなる「ドイツ国際若者活動委員会」から代表者を選出し派遣しています。

なお、全国若者協議会には政党青年部は含まれていません。これは、ドイツではナチス経験後、若者に関する様々な活動や政治教育は、政党とは距離を取るべきだと判断されていることが背景にあります。

全国若者協議会は1949年、当時の西ドイツの首都ボンで若者団体のネットワーク組織として設立されました。その後、東西ドイツ統合によって市町村レベルの若者協議会も東側にもでき、2001年に全国若者協議会の本部は首都ベルリンに移りました。ドイツでは、若者協議会自体が準公的機関として位置付けられており、政府の若者政策に関しては協議を受けることにもなっています。

全国若者協議会の活動で最も重要なのは、若者団体の意見を集約し、その要望を政策に反映させるためのロビー活動です。ＥＵを含めた構造的な政策対話、主要政治課題に対する政策提言や意見書の定期的な発表、ＩＴを活用したオンライン意見収集、国政や地方選挙における若者による意見反映キャンペーンの促進などが行われています。

次に重要なのが、若者向けのボランティア活動の促進を目的としたプログラム、さらに、若者向け事業の実施、ＥＵや国連などの国際会議へのドイツ若者代表の派遣があります。

ドイツでは州ごとに州若者協議会も設置されています。その中の1つ、「ベルリン州若者協議会」は、ベルリン州における若者団体の連合体であり、35の若者団体が常任団体となって若者の民主主義社会への参画を促進しています。キャンペーン活動、ボランティア活動の推進などを行っているほか、州若者協議会ごとに政策提言を発表しており、政策決定者などへのロビー活動も行っています。こうした活動の結果、若者代表と政策決定者が年に1度集まり若者円卓会議の実施を約束する「若者のための協定」をベルリン州若者協議会とベルリン州の間で調印しています。

## （3）「全国若者協議会」では国連などの会議にも代表者を派遣（イギリス）

若者協議会はイギリスにもあります。国レベルの組織である「全国若者協議会（UK Youth Parliament）」は、単に若者の意見を聞くだけではなく、国の政策形成プロセスにその意見を集約して届け、実際の政治に反映させる機会を提供しています。

約600人の構成員の半数は各地域で選出された「若者協議会議員」であり、残り半数は議員代理等で構成されます。若者協議会議員は、地域に住む若者の人口で定数が決まり、11～18歳なら誰でも立候補、投票ができます。年に1回の選挙でイギリス全土から選出され、選挙参加者は50万人を超えます。

若者協議会の設置は、1996年の若者向け政治イベントでの若者たち自身の発言から始まり、２００1年に実際に立ち上がりました。２００4年には約90％の地方政府が全国若者協議会に同意したほか、翌年には若者協議会を全世界に広めるための国際活動も行いました。

さらに２００7年からは下院の議場を実際に使い「若者協議会マニフェスト」の作成と更新を行なっています。これまでに、政治教育の充実や、大学の学費廃止、若者の旅行のためにバス運賃の引き下げなどを掲げました。

若者協議会議員は、国レベルの協議会のほか、選出されたそれぞれの地域で30人程度の若者で地域協議会を構成し、地方自治体や地方議員、地域選出の国会議員へのロビー活動を実施。スピーチやディベート企画などと連動したキャンペーン、インターネットを用いたアンケート調査などを行い、地域の声をまとめ、中央に集約しています。

地域協議会の活動自体は11～18歳の若者に任せている一方、運営を行う理事会メンバー20名のうち12名は地域で選出された18～25歳までの若者協議会議員が担います。残りの8人には、地方自治体や権限委譲された地域における青少年分野の代表、主要3政党の代表も加わることで、会の運営と中立性を担保しています。

また、こうした若者たちの取り組みをサポートする仕組みとして選挙区ごとのコーディネーターや若者の活動を支援する大人たち（ユースワーカー）の存在もあります。ロビー活動のノウハウはじめ、キャンペーンの方法などを若者協議会議員にトレーニングしたり、会全体としてもメディア対応など様々な研修を実施しています。ハンドブックを作ってのノウハウ共有なども行っており、こうした仕組みが活動を支えています。

全国若者協議会では、欧州若者フォーラムや国連の若者議会にも議員を派遣しています。

## （4）国の政策形成にまで若者が関わる「全国若者団体協議会」（スウェーデン）

若者の声を政策に反映させようとする取り組みの代表的な存在として、スウェーデンには、「全国若者団体協議会（LSU）」という組織があります（**図表3-5**）。日本でも医師のために医師会が、農家のために農協があるように、

図表3-5：スウェーデンの全国若者団体協議会の全体イメージ

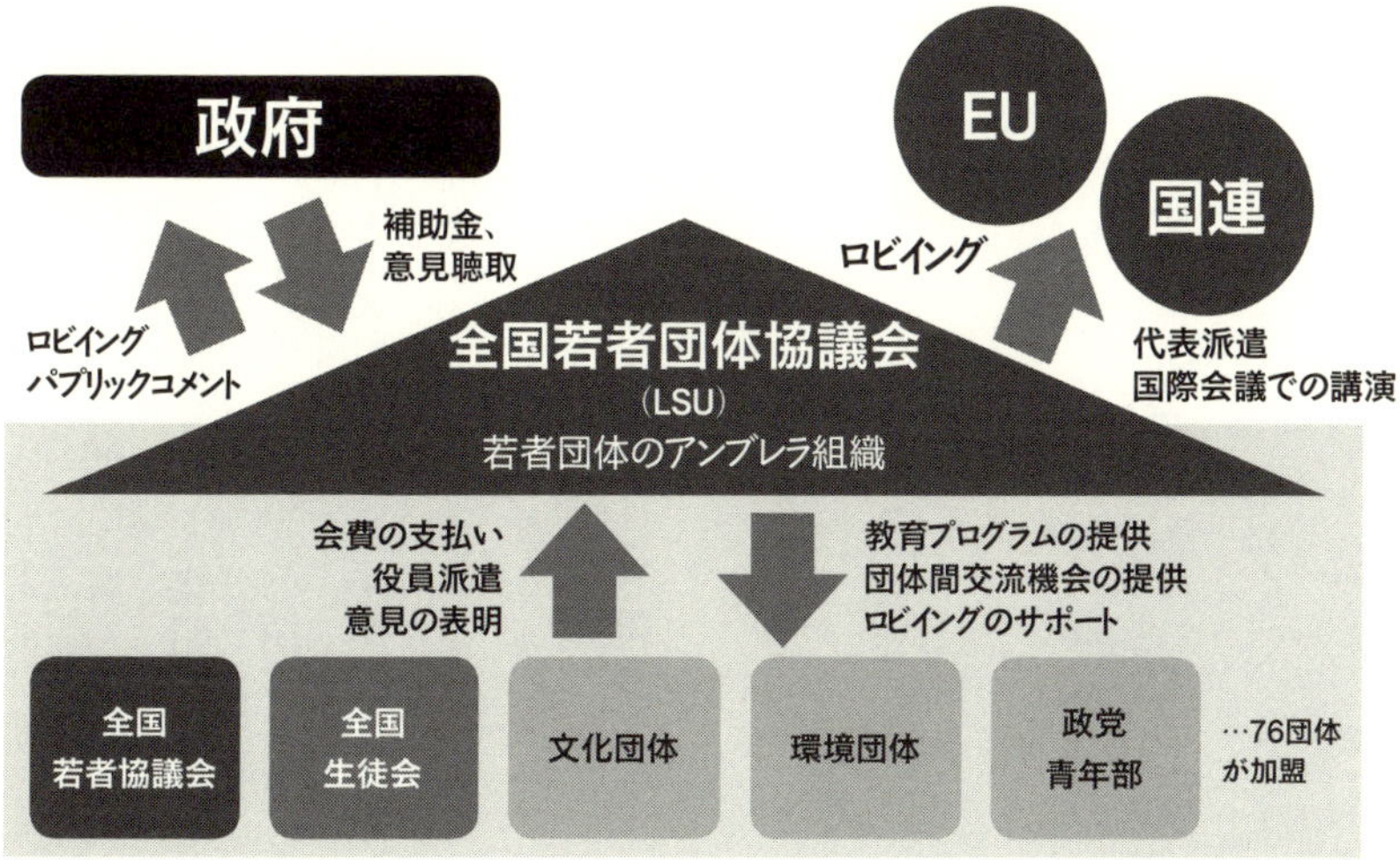

ＬＳＵはスウェーデンの若者たちのための利益団体です。

１９４8年に設立され、生徒会の全国組織である「全国生徒会」をはじめ、もう１つの生徒会でもある「全国若者協議会」、文化団体、環境団体など若者が関わる団体、さらには各政党の青年部まで76もの団体で構成されています。スウェーデン国内には約１５０万人の若者がいますが、参加団体の延べ会員数は3分の1の50万人にもおよびます。

参加団体はＬＳＵに会費を支払うとともに、役員の派遣やＬＳＵの運営に関わります。それに対してＬＳＵは各団体に対して教育プログラムの提供や団体間交流の機会提供、各団体が政府に対してロビー活動をする際のサポートなどを行います。同時に政府の若者政策に対するロビー活動やパブリックコメントに対する意見表明、政策提言なども実施しています。

若者の意見を国の政策に反映することがＬＳＵの最大の目的です。スウェーデンでは、若者政策に当たっては、当事者である若者の意見を聞くことが義務付けられていることから、国がＬＳＵに意見を求めることも多くあります。

若者は社会の中で多数派ではない上、他世代に比べて経験や知識も不足している場合が多く、意思決定過程の場に彼らを参加させるだけでは、政治の場に意見が十分反映されません。そのため、1つひとつの団体の声は小さいかもしれませんが、LSUという組織を拡声器のように利用することによって、若者の意見を政治の場に反映させられる仕組みになっています。

LSUの働きかけは国にとどまらず、EUに対しても行なっているほか、毎年若者代表を選んで国連総会に送り、各国首脳が参加する会議でスピーチも行います。

LSUの年間予算は約5億円で、その多くは国からの補助金で賄われています。また、加盟団体はそれぞれの経済状況に応じて約8万円から約50万円の会費を払っています。

加盟するためにはいくつかの条件があり、組織のメンバーが300人以上で、3つ以上の地域に支部があり、人権が保障された民主的な組織であること、さらに60%以上のメンバーが26歳以下である必要があります。

LSUの役員は、加盟団体の推薦者から投票で選ばれます。会長の出身母体は政党青年部であることも多いのですが、会長在任中は政党活動や選挙活動は禁止されています。

ＬＳＵのロビー活動に対して政府側が対応する相手は、ＬＳＵが会長の場合は大臣が対応します。同様に、ＬＳＵから事務局長が出る場合は、政府も事務方である官僚のトップ、日本でいえば「事務次官」が相手方になります。これは「若者側が代表を出すのであれば政府側も代表を出すのが公平」という考えからです。日本で「若者の声を聞く」意識と大きな違いを感じます。

ＬＳＵは担当省庁や関係大臣たちとも良好な関係を維持することにつとめています。政府が新しい政策を作る際や調査を行う際には、当初からメンバーとして参画することもあれば、パブリックコメントを提出するなど、状況に応じた関わり方をしています。

第3部　世界における「生徒会」の先進事例

# 第4章　もう1つの生徒会「若者協議会」によるまちづくりへの参画の取り組み

# 第4部

# 生徒会を取り巻く時代の変化

第４部は、今後の生徒会をどう発展させていくかを考えていく手がかりとして、より発展的な内容をまとめました。

まず、日本の生徒会の源流となったアメリカの生徒会の成立過程、その後に作られた戦後日本における生徒会や生徒会団体の歴史を紹介します。次に今日の生徒会活動にも大きな影響を与えた選挙権年齢や成人年齢の引き下げ、子どもの権利条約、こども基本法の制定、それによって求められている主権者教育と政治的中立性、さらに今後求められる高校生の政治参加について紹介しています。

これからの生徒会を担っていくリーダーとなる皆さんや生徒会顧問の先生方にはぜひこうした背景を踏まえ、一緒にこれからの生徒会のあり方を考えていければと思います。

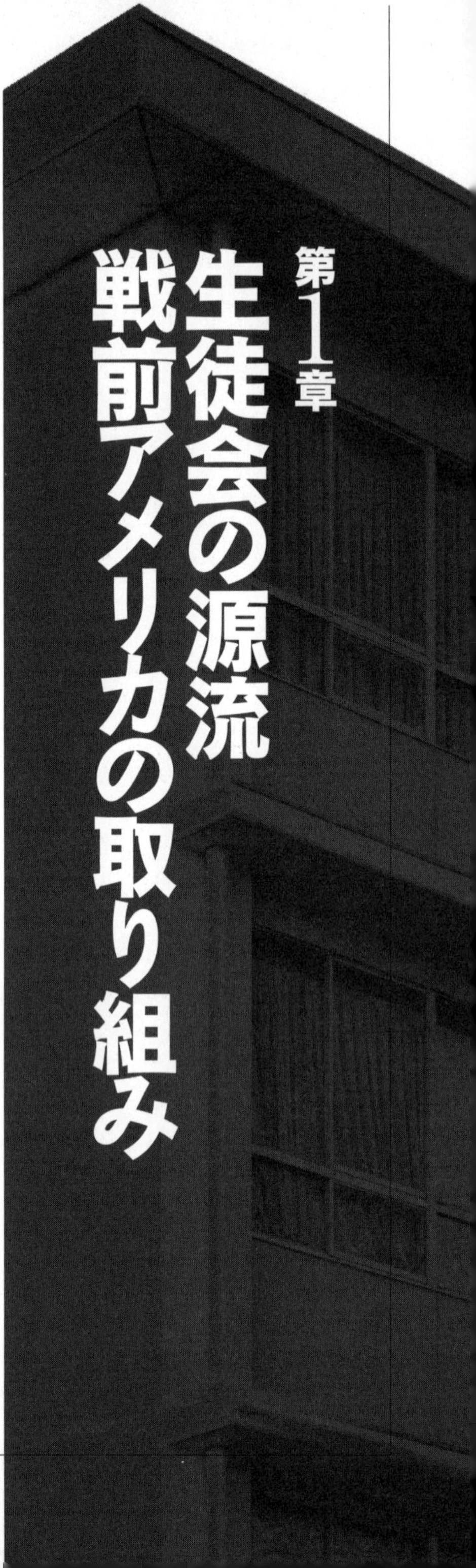

# 第1章
# 生徒会の源流
# 戦前アメリカの取り組み

## （1）生徒会のはじまり

学校の中に生徒会が作られた源流をたどっていくと、今から１２０～１３０年前のアメリカまで遡ります。成立期の生徒会を端的に示す１枚の写真があります（左ページ）。

これは、１９１０年前後、先住民族の生徒が通う学校における生徒会役員の就任式の様子です。アメリカの国旗が掲げられ、今でも大統領の就任式に見られるように右手を挙げた宣誓のポーズを女子生徒が取っています。実はこの写真にこそ、生徒会のはじまりの意味が込められています。

生徒会ができ始めた20世紀が始まる前後の時期のアメリカでは急速に工業化を進めるべく多くの労働力が必要になり、東欧や南欧の国々から多数の移民を受け入れるとともに、先住民族の人たちを活用しようとしていました。こうした労働者やその家族に、英語を十分に話させ、アメリカ的な文化や民主主義的な政治制度に馴染ませるため、当時の為政者や社会運動家は、移民などの子どもたちを学校に通わせることで、英語やアメリカの文化、政治制度

**最初期の生徒会役員の就任式**

Gill, Wilson L. *The Boys' and Girls' Republic.* American Patriotic League, 1913. p.100
©Library of Congress (public domain)

を教え込み、「アメリカ化」した市民を育てようとしました。

このようなアメリカ化した市民を育てるために導入されたのが最初期の生徒会でした。

その中で最も有名な取り組みに、「学校市（School City）」があります（**図表4-1**）。学校市は、1897年に開発され全米に広まった取り組みで、学校を1つの「市」に見立てて、実際のアメリカの市政を真似た立法・行政・司法を含む三権分立型の児童・生徒自治機構を教員が導入し、子どもたちに運営させようとするものでした。

この学校市の中で、子どもたちは市長や市議となる子どもを選び、学校の備品を壊した

**図表4-1：「学校市」の典型的な組織図**

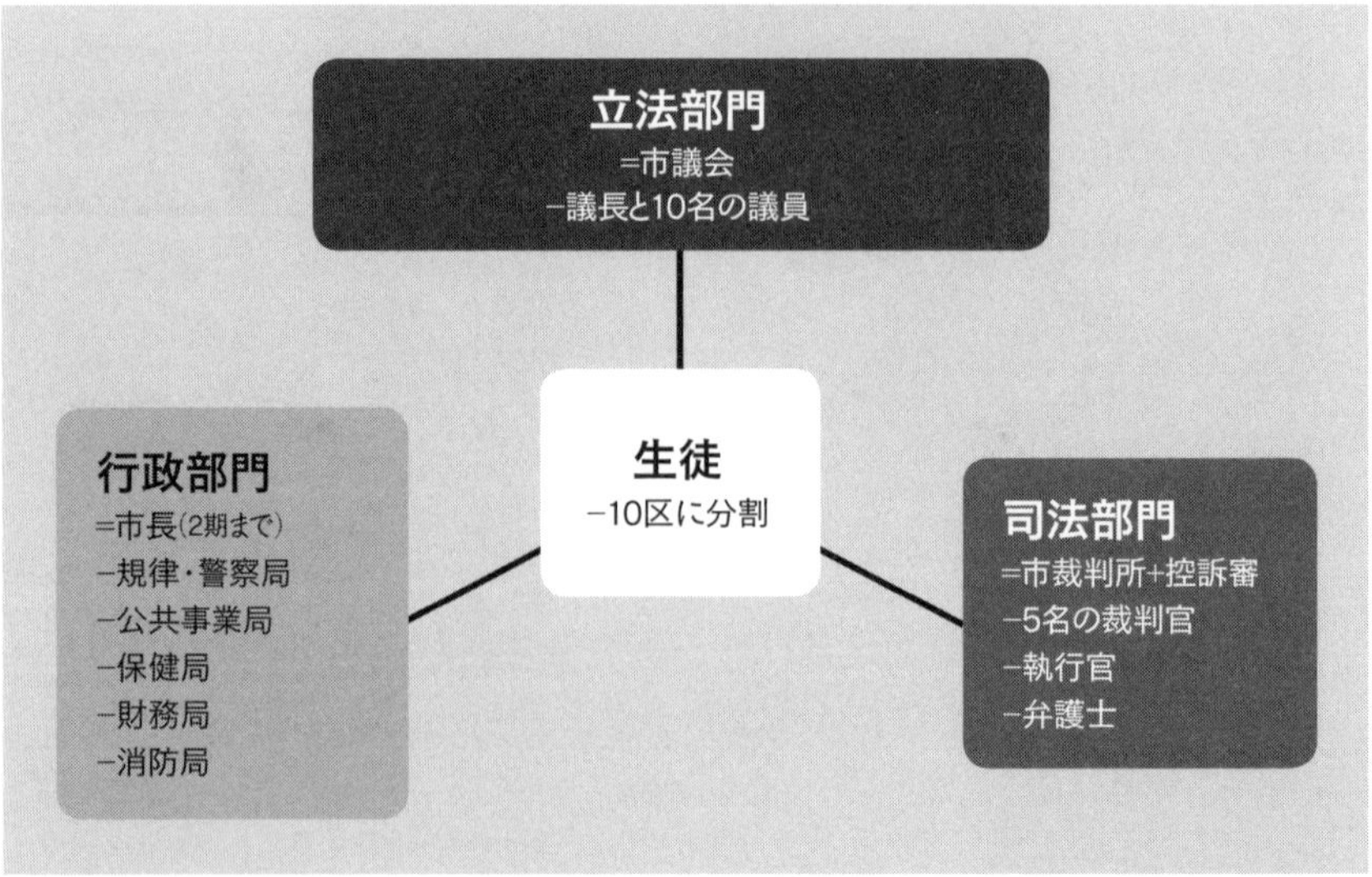

りサボったりした子どもを取り締まる警察組織を運営し、逮捕した子どもに関する裁判を行いました。学校市は、子どもたちに実際のアメリカの市（町）の政治の仕組みを真似た組織を運営・自治させることを通して、アメリカの制度や仕組みを理解させようとしたのです。

先程の写真は、この学校市を導入した学校での役員就任式の様子です。写真に見られる「アメリカ国旗や実際に使われる宣誓のポーズ」という仰々しさこそが、学校市で最も重視された点でした。すなわち、実践にあたっては、子どもたちの活動の中身ではなく、アメリカの政治の様式を忠実に模倣する形式面が何よりも重視されていたのです。

最初期の生徒会は、このように今よりも広い範囲の自治活動を子どもに取り組ませようとするものでした。しかし、その意図は、民主主義に基づくアメリカの市や国の制度・様式をなるべく正確にロールプレイングさせることで、アメリカ的な仕組みを教えようとするところにあったといえます。

## （2）生徒会の普及と発展

学校市は多くの学校に導入されましたが、長続きしない学校が多く、徐々にその方法が批判を浴びることになりました。学校の中に児童生徒が自分たちで運営する組織を導入することは大事だが、三権分立型の組織は子どもたちが運営するには複雑すぎ、活動が形式的になってしまう、と批判されたのです。

これらを踏まえ、特に1910年代頃から「生徒会（Student Organization）」を学校の中に導入する取り組みが徐々に見られるようになっていきます（**図表4−2**）。学校市と比べたとき、生徒会は次のような特徴を持っていました。

第一に、生徒会組織は、実際の市政を形式的に模倣したものでなく、児童生徒の発達段階に応じたものとするよう見直されました。具体的には、子ども同士で校則違反をした子どもを逮捕し裁く「警察・司法機能」が取り除かれ、当時同じく広まりつつあったホームルームを基盤に、ホームルーム代表と選挙された役員によって構成されるシンプルな組織が基本とされました。そのうえで、活動範囲の拡大に応じて、徐々に委員会などを増やし、生徒間の協同を通じて活動を行うこととされました。

第二に、生徒会の学校内での位置付けが明確化されました。具体的に生徒会は学校における生徒の活動をまとめる組織として位置付けられました。特に、十分発展した生徒会の中心に設置された「生徒評議会（Student Council）」には、ホームルームの代表、生徒会役員のほか、各種委員会やクラブの代表者も出席し、学校における生徒に関するすべてのことを話し合うことになっていました。

第三に、教員の関わりが明確化されました。具体的に、ホームルーム担任、生徒会や各種委員会、クラブ活動の顧問が

**図表4-2：戦前アメリカの「生徒会」の組織図**

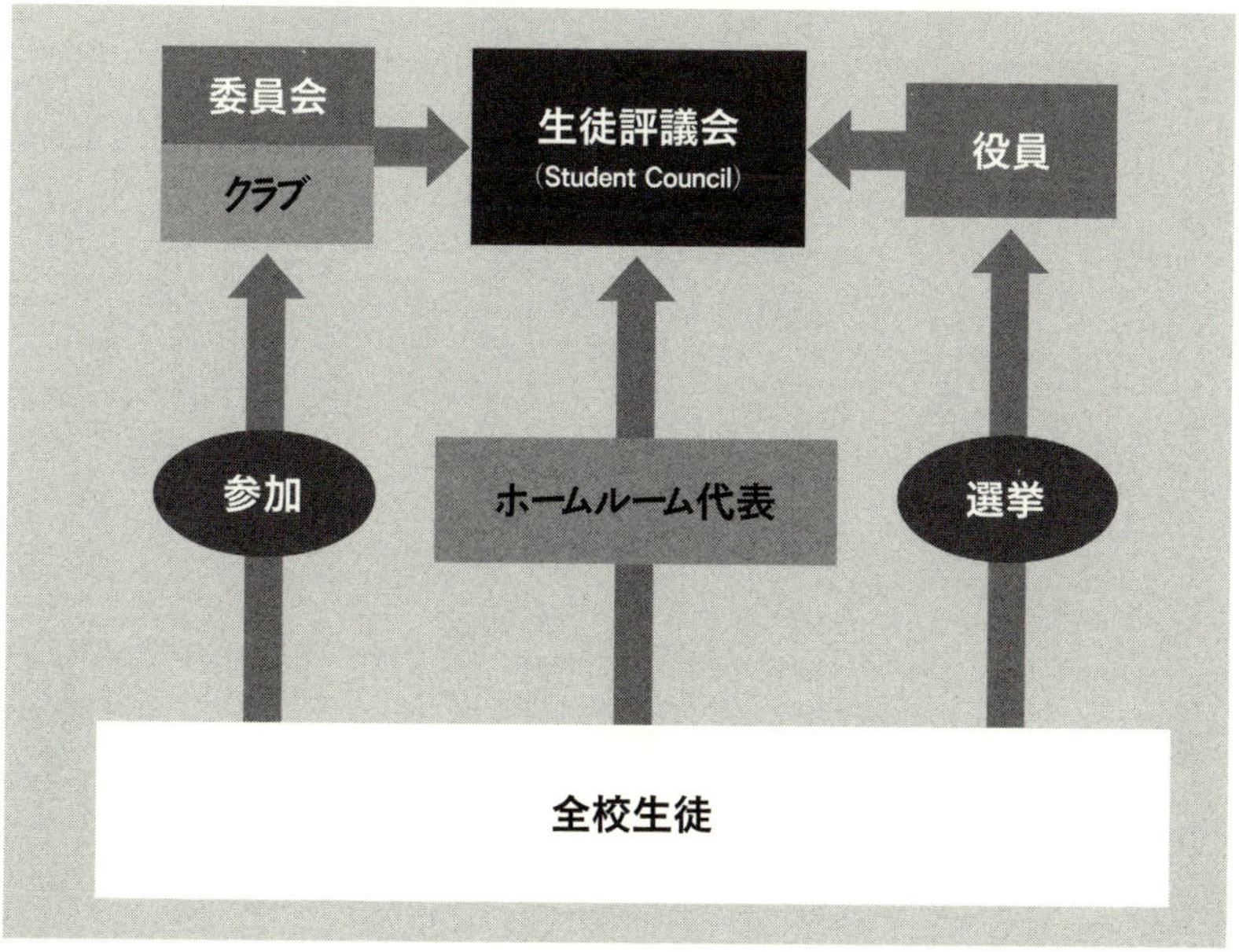

配置され、教員の仕事として、生徒の活動を支援し導くこと（ガイダンス）が含まれるようになりました。また、カリキュラムの一部に生徒会が組み込まれ、社会科などの教科学習や、ホームルーム・クラブ活動など他の教科外活動と連携し一体的に指導する体制が作られました。

このように、生徒会は、学校全体の活動と関連しながら、生徒に関する様々な事柄について民主的に代表を選挙し、話し合い、取り組むことで、民主的な市民を育てるための活動となりました。特に民主的な市民育成への要求が高まった第一次世界大戦後に急速に普及していきます。例えば、1934年に全米269校が回答した学校課外活動の調査では、約半数の132校に生徒評議会が設置され、その81％にあたる107校の生徒評議会の設立が1920年代以降であることが分かっています。

生徒会の普及とともに、活動もますます発展していきます。その発展は大きく2つの方向で進みました。

第一に、生徒会活動の範囲をさらに拡大する事例が見られるようになりました。具体的に、生徒の活動について話し合う「生徒評議会」を発展させた理想形として、広く学校の事柄について教員と生徒の代表者が民主的に話し合う「学校会議（School Council）」を作る取り組みが見られるようになりました。

第二に、学校間の生徒会活動を連携させる取り組みが見られるようになりました。特に1931年に「全米生徒会連盟（National Association of Student Councils）」が組織されます。全米生徒会連盟は、オクラホマ州で地域生徒会を組織するなど活発に活動していたシャルという高校生が主導し、全米最大の教員団体である「全米教育協会」に参加していた生徒会活動に関心のある教員の支援を受けながら作り上げたものでした。

以降、全米生徒会連盟は、生徒と各地の教育長・教育学者・校長・教員が参加し講演や意見交換を行う全国大会を毎回開催したり、機関誌を発刊したり、各州などに地域生徒会を立ち上げる活動に取り組んでいきます。特に1943年には全米中等学校校長協会の下部組織となって安定した財政・活動基盤を得ると、団体規模が飛躍的に拡大、1943年時点で283名だった会員数が、1953年には6300名を数えるまでに拡大しました。このようにしてできた全米生徒会連盟は、現在も活動を続けています。

### (3) 生徒会の源流から学べること

以上の生徒会の源流からは、これからの生徒会がめざすべき多くのことを学ぶことができます。例えば、次のような点が参考になるでしょう。

**ポイント**

- 生徒会活動は本来、活動を通じて民主的な市民として育っていくための活動
- 生徒会活動は本来、学校における生徒の活動の中心であり、ホームルームや委員会、クラブなどあらゆる場で起こった問題に取り組む場
- 生徒会活動の組織は、生徒の状況や活動内容・目的に合わせてシンプルな体系とすべきで、複雑な機構を運用すること自体を目的化しない
- 生徒会活動では、生徒間での警察活動ではなく、協同を重視
- 学校会議・地域生徒会・全国生徒会は、生徒会の源流からすでに存在

ただし、歴史を振り返る意義は、過去の良い取り組みを発見するだけではなく、歴史的に組み込まれた課題を見つけることにもあります。当然、本章で書いてきた生徒会の展開についても課題が見られます。

特に重要な課題は、生徒会が成立・普及・発展していく中で、だんだんと教員の位置付けが強くなっていった点にあります。

最初期の取り組みである学校市の運営においては、形式的であったとはいえ、生徒が自分たちのことを自分たちで決める自治が重視され、広範な活動範囲が認められていました。しかし、学校市から生徒会への展開の中では、子どもが自治すること自体が否定されていったのです。なぜなら、生徒会はあくまで教員の指導や支援のもとに、学校のカリキュラムの一部として生徒が許された範囲で学校の様々な事柄に「参加」する活動であり、生徒が自治する組織ではないからだ、というわけです。

歴史を振り返ると、アメリカで最初に広まった生徒会はこのように学校教育活動の一部に位置付けられることで、多くの学校に広まっていきました。しかし、このような生徒会普及の過程で、その活動内容は教員に許された範囲での「参加」に限定されたため、多くの生徒会は、食堂や廊下、教室の交通整理、クラブの限られた範囲の会計や備品管理、校内美化活動、新入生歓迎会や音楽会など学校行事の後援、優秀生徒の表彰など、学校や教員の仕事を肩代わりし「あやつり人形」として活動していくことになりました。

もちろん、生徒会活動をますます発展させていくために、学校や教員の関与は欠かせません。しかし、カリキュラムの一部として教員の関与が強調されすぎると、生徒会は教員の「あやつり人形」になっていきます。あくまで、生徒の自治的活動を前提として、学校参画・社会参画に取り組む生徒会のあり方は、これから作り上げていくものといえそうです。

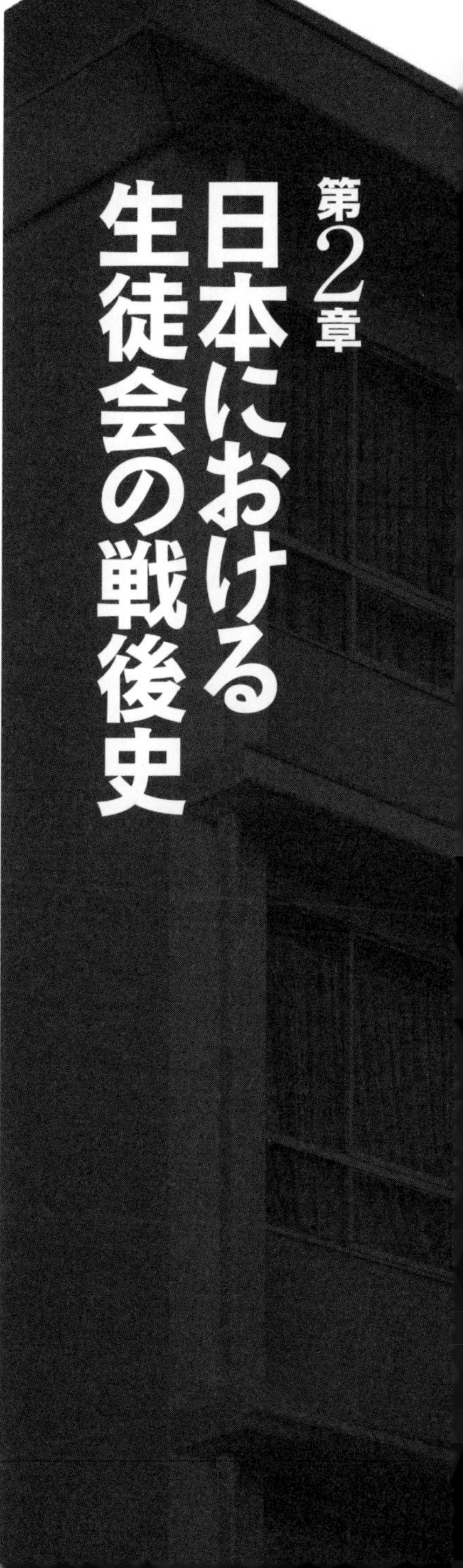

# 第2章 日本における生徒会の戦後史

## （1）戦後初期の生徒会活動と生徒会団体の広がり

第1部でも書いたように、日本における生徒会は、戦後直後、アメリカの取り組みを参考に占領軍の指導を受けながら全国に広まり、国が発表する全国の学校の教育活動の基準（当初は試案）である学習指導要領にも記述されるようになりました。この時期には、全国の学校で、様々な生徒会会則が手づくりされ、役員が選挙され、委員会活動や学校行事の開催、生徒会予算の配分など、今日にもつながる活動が取り組まれました。

実は、初期の生徒会活動では、学校内での活動にとどまらず、第2部第2章で触れたような「生徒会団体」を作る活動も見られました。この時期の全国の高校の学校新聞縮刷版を見ると、確認されるだけでも、茨城・東京・神奈川・山梨・愛知・滋賀・大阪・熊本など全国各地に生徒会（生徒自治会）団体があったことが分かっています。

生徒会団体は、活動内容も様々でした。各校の生徒会活動に関する意見交換活動にとどまらず、合同文化祭を開催した事例（東京）、「モデル自治会」や「模擬市会」を開催し生徒自治会活動の進め方を議論した事例（神奈川・山梨）に加え、生徒会が連合し地域の鉄道の運賃値下げ運動を行ったり（滋賀）、街の治安改善のための住民運動に取り組んだり（東京）と、社会参画の分野まで活動を広げた事例も見られました。

なぜ、この時期に生徒会団体の活動が広まっていったのでしょうか。その理由は大きく次の3つにあります。

1つ目が、この時期は民主国家として日本が再出発する時期であり、子どもや若者が新たな民主国家を作る担い手となることが、自他ともに期待されていたことがあります。民主国家づくりの手段として、子ども・若者は生徒会・生徒会団体などを積極的に組織し、新たな学校・社会づくりに関与しようとしたのです。

2つ目が、この時期は生徒会の草創期であり、現場では、生徒会を作ることになったけれど、どんな活動をしていいのか生徒も教員も分からないままだったことがあります。こうした中、情報を集めるために複数の学校が協力して団体づくりが進められたのです。また、戦後の最初期には占領軍が生徒会団体の組織を支援したことも全国化の要因です。占領軍は「モデル自治会」や「模擬議会」を開催させ、生徒会(自治会)の進め方を広めるなどの指導を行っていました。

3つ目が、生徒会団体を含む生徒会活動の様子が、学校新聞(これも占領期に一般化しました)を通じて、全国的に情報共有されていたことがあげられます。具体的に、この時期の学校新聞を見てみると、学校新聞の連係組織として「全国高校新聞通信連盟」が組織され、各校で発刊された学校新聞の内容が相互に共有されていたことが分かります。高校生たちは、学校新聞の報道を通じて、自分たちの学校の生徒会活動や生徒会団体の取り組みをさらにアップデートさせていました。

## （2）冷戦と生徒会活動

生徒会活動は占領期以降も、学習指導要領の中に一貫して記述され、全国で取り組まれ続けていくことになります。その歴史を見る前提として、高校の学習指導要領における生徒会活動の内容の記述変化を見ると次のようになります（**図表4－3**）。

こうして学習指導要領の記述の変化を見ていくと、戦後を通じて、生徒会活動の内容にあまり大きな変化はないように見えます。実際、学校内の生徒会活動の内容については、先程も書いたように、今日につながる内容が占領期にすでに行われていました。また、占領期以降の学校新聞縮刷版などを見ても、それらの活動が「マンネリ化」や「停滞」、「一般生徒の参加不足」などと問題視されながら繰り返されている様子が見られます。

しかし、戦後を通じて大きく変化してきた部分が1つあります。それは生徒会団体等を通じ、学校を超えて取り組まれる社会参画活動の部分です。表をよく見ると、「（1）戦後初期の生徒会活動と生徒会団体の広がり」で書いた

## 図表4-3：戦後の高等学校学習指導要領における「生徒会活動」の内容の変遷

| 高等学校学習指導要領「生徒会活動」の内容 | |
|---|---|
| 1951年 | 生徒会は、生徒を学校活動に参加させ、りっぱな公民となるための経験を生徒に与えるためにつくられるものである。〈中略〉生徒会は、全校の生徒が会員となるのであって、学校に籍をおくものは、そのまま皆会員となって、会員の権利と義務および責任をもつことになるのである。 |
| 1960年 | 生徒会は、全校の生徒を会員として、主として次のような活動を行なう。<br>(1) 学校における生徒の生活の改善や福祉の向上を図る活動<br>(2) ホームルーム、クラブ活動などにおける生徒活動の連絡調整に関する活動<br>(3) 学校行事等への協力に関する活動 |
| 1970年 | 生徒会は、全校の生徒を会員とし、主として次の活動を行なう。<br>(1) 学校における生徒の生活の改善と向上を図る活動<br>(2) ホームルームおよびクラブ活動における生徒の活動の連絡調整に関する活動<br>(3) 学校行事への協力に関する活動 |
| 1978年 | 生徒会は、全生徒を会員として組織し、主として次の活動を行う。<br>(1) 学校生活の充実や改善向上を図る活動<br>(2) 生徒の諸活動間の連絡調整に関する活動<br>(3) 学校行事への協力に関する活動 |
| 1989年 | 生徒会活動においては、学校の全生徒をもって組織する生徒会において、学校生活の充実や改善向上を図る活動、生徒の諸活動についての連絡調整に関する活動、特別活動及び学校行事への協力に関する活動などを行うこと。 |
| 1999年 | 生徒会活動においては、学校の全生徒をもって組織する生徒会において、学校生活の充実や改善向上を図る活動、生徒の諸活動についての連絡調整に関する活動、学校行事への協力に関する活動、ボランティア活動などを行うこと。 |
| 2009年 | 学校の全生徒をもって組織する生徒会において、学校生活の充実と向上を図る活動を行うこと。<br>(1) 生徒会の計画や運営<br>(2) 異年齢集団による交流<br>(3) 生徒の諸活動についての連絡調整<br>(4) 学校行事への協力<br>(5) ボランティア活動などの社会参画 |
| 2018年 | 学校の全生徒をもって組織する生徒会において、次の各活動を通して、それぞれの活動の意義及び活動を行う上で必要となることについて理解し、主体的に考えて実践できるよう指導する。<br>(1) 生徒会の組織づくりと生徒会活動の計画や運営〈略〉<br>(2) 学校行事への協力〈略〉<br>(3) ボランティア活動などの社会参画〈略〉 |

ように占領期に生徒会団体を通じた学校外の活動が盛んであったにも関わらず、学校外に関係する活動は1998年以降の「ボランティア活動」「社会参画」まで見られません。これはなぜなのでしょうか。

実は、学習指導要領に明記されなかったからと言って、生徒会団体を通じた生徒会活動の活性化や社会参画活動が停滞したわけではありません。例えば、京都府では1953年に「京都公立高等学校生徒会連絡協議会」が、高知県では校長会や県教育委員会の設立支援のもと、1954年に全県立高校が加盟する「高知県高校生徒会連合」が組織されました。これらの団体は、生徒会間の交流にとどまらず、高校生の生活に関する政治・社会問題にも積極的に関与する活動を展開しました。具体的には、市電や市バス値上げ反対運動、高校授業料値上げ反対運動、原水爆禁止運動、教員に対する勤務評定導入反運動など様々な社会問題に積極的に関与する活動を展開しました。

しかし、1950年代後半以降、東西冷戦や55年体制の確立といった政治・社会情勢の中で、文部省や校長会は、これらの生徒会団体や生徒会の行う政治的・社会的活動は、構成する全生徒の意見を集めた活動ではなく、一部の政治団体等に影響を受けた生徒の考えを引き写したものであるとして警戒するようになっていきます。

そして1960年以降、文部省・校長会は活動内容がどういうものかに関わらず生徒会団体自体を全面的に規制し、生徒会活動の範囲を学校内に限定する方針を打ち出しました。

具体的には、1960年12月に文部省は「高等学校生徒会の連合的な組織について」（昭和35年12月24日文部省初等中等教育局長通達）を通達し、生徒会活動は「学校生活を豊かにすることを目的として、学校の教育課程として行なわれるべきもの」であり、生徒会の「連合組織が結成されれば、生徒会活動は、外部の好ましくない勢力によって支配され、学校の指導も及びがたくなる」から「高等学校生徒会の全国的または地域的な連合組織などを結成したり、それに参加することは、教育上好ましくない」との見解を示します。学習指導要領において学校外に及ぶような生徒会活動の内容が規定されないのもこうした動きの一環だったのです。

さらに、同じ時期には、校長会が3校以上の学校の高校生が顧問の帯同なしで学外で集まることを禁止する「三校禁」と呼ばれる申し合わせを行い、全国でこれに基づいた指導が行われました。

これらの指導の後も「政治の季節」といわれた時代情勢の中、生徒会などを通じ学校外の政治や社会に関与しようとする活動は続きました。特に1960年代後半からは学校教育のあり方に対し高校生がストライキなどを行って抗議する、いわゆる「高校紛争」が全国で広まります。

これに対し、文部省は1969年に「高等学校における政治的教養と政治的活動について（昭和44年10月31日文部省初等中等教育局長通知　以降：69年通達）」を発出、高校生の政治活動は「教育上望ましくない」としたうえで学校内外の高校生の活動全体を学校の指導下におくことを強調するなど、さらなる制限政策を持って事態にあたります。

1960年代までの政策により、1970年代はじめまでに高校紛争は沈静化します。そして、これ以降しばらくの間、地域の生徒会が多数集まるような生徒会団体の活動はほぼ見られなくなり、生徒会活動も学校内のごく限られた範囲に限定されることになりました。

こうした経緯の中で、学校ごとに何をやっているか分からない「学校の中のブラックボックス化」、毎年許された範囲内の決まった活動だけを繰り返す「活動のマンネリ化」、校則改正などの実質的な活動には生徒会が関わらない「活動の形骸化」が進んでいくことになりました。その結果、生徒会は力を失い、やがて1980年代の管理主義教育下における「ブラック校則」の成立を許していくことになったのです。

### (3)「子どもの権利条約」以降の生徒会

転機は1989年に訪れます。1つは冷戦の終結が宣言されたこと、そしてもう1つは同年11月、国連総会において「児童の権利に関する条約(以降：子どもの権利条約)」が採択されたことです。

冷戦終結により、60年代までの生徒会活動を学校内に限定する制限政策を支えた社会情勢が根底から変化したこと、そして「意見表明権」を含む子どもの権利条約が採択され、子どもが自身に関することに対して意見を表明することの重要性が徐々に認識されるようになっていきました。

特に子どもの権利条約が1994年4月に日本でも批准されると、今日の生徒会団体の源流となる団体が千葉県で組織されます。最初、生徒会活動を活発に行う4校が集まって企画された「千葉県生徒会連盟」はその後、千葉県下92校に参加を呼びかけ、13校により結成され、生徒会の情報を共有する活動などを開始しました（以降の流れについては**図表4-4**参照）。

同じ年にはその有志により生徒人権プロジェクトを発足。子どもの権利条約で18歳以下の子どもに保障されている権利が、学校現場においてはその年齢に含まれる高校生に保障されていないとして、子どもの権利条約で保障している権利を高校生の権利に置き換えた生徒人権宣言を宣言するとともに、権利が保障されていない状況の理由を問う公開質問状を文部省、外務省、千葉県知事、教育長、関係する各学校長などに提出。ＮＨＫなど多くのメディアで報道されました。

２０００年代に入ると生徒会団体の活動はさらに広がりを見せていきます。まず、千葉での取り組みに影響を受けながら、２００３年には、東京や関東圏などの私立中学校生徒会10校程度の有志により「首都圏中学校生徒会連盟」が組織されます。また、その後も２００５年には同様の有志によって「首都圏高等学校生徒会連盟」が、２００８年には東京都多摩地域の都立・私立高校を中心に「多摩生徒会協議会」が組織されました。

これらの団体はこの時期には年に6~8回程度、毎回10校30名程度が集まる意見交換会を定期的に開催し、生徒会の共通の課題を話し合う活動を展開し、生徒会活動の活性化を進めました。団体は今日も活動を続け、首都圏の生徒会団体の活動の中核を担っています。

さらに、2009年3月には多摩生徒会協議会などに集まった高校を中心に、高校生活を巡る様々な問題を複数の学校の高校生が話し合う「生徒シンポジウム」が開催されるなど活動の幅は拡大します。また、一般社団法人生徒会活動支援協会も、この時期の生徒会団体の設立・運営に関わっていた役員経験者などにより2009年に設立され、以降の生徒会団体の発展を支援してきました。

こうした様々な生徒会団体等の特徴は、1950年代までと異なり、生徒自らが自立的・自発的に、特定の政治的主張に依らない形で作り出していった点にあります。設立にあたっては、生徒自ら加盟を求める学校の生徒会に手紙を出したり、生徒会顧問伝いに紹介を受けたり、文化祭ポスター送付時に案内状を同封したり、文化祭に訪問して直接加盟を呼びかけたりといった地道な活動により作られていきました。

また、1998年以降の学習指導要領において、生徒会活動の内容に「ボランティア活動」「社会参画」など、学校外に向かっていく活動が加えられたことも、生徒会団体の設立を後押ししました。このような規定により、「三校禁」などの60年代の生徒会活動制限政策が形骸化し、団体組織に対する禁止等の指導が行われなくなっていたのです。生徒会団体に限らず、これらの規定に従い、全国の生徒会で、地域の行政や企業と連携し、まちづくり等にも参画するような活動が見られるようになります。

さらに2010年代に入ると、2000年代に作られた生徒会団体をつなげ、大規模化する動きが見られるようになっていきます。これは、2011年頃から中高生にもスマートフォンが徐々に普及したことで、もっぱら郵送に頼っていた生徒会団体の開催案内をメールで代替することができるようになったこと、Facebookをはじめとした SNSが普及する中、高校生の交流イベントを通じて知り合った生徒間での連絡が容易になったことが背景となりました。これらの新しいメディアツールを駆使し、2012年10月には複

**初回の全国高校生徒会大会の様子**

全国高校生徒会大会実行委員会提供

数の首都圏生徒会団体の合同大会として30校１００名以上を集めた「生徒会大会２０１２」が開催されるなど、会議の大規模化が進みました。

　さらに２０１３年3月には、首都圏の生徒会役員と関西地域で同様の活動をしていた役員がＳＮＳなどを使ってつながることで、生徒会の全国大会である「全国高校生徒会大会」が開催され、ＮＨＫなど報道各社で一斉に報道されました。

　以降、２０１０年代を通

## 図表4-4：子どもの権利条約批准以降の生徒会団体

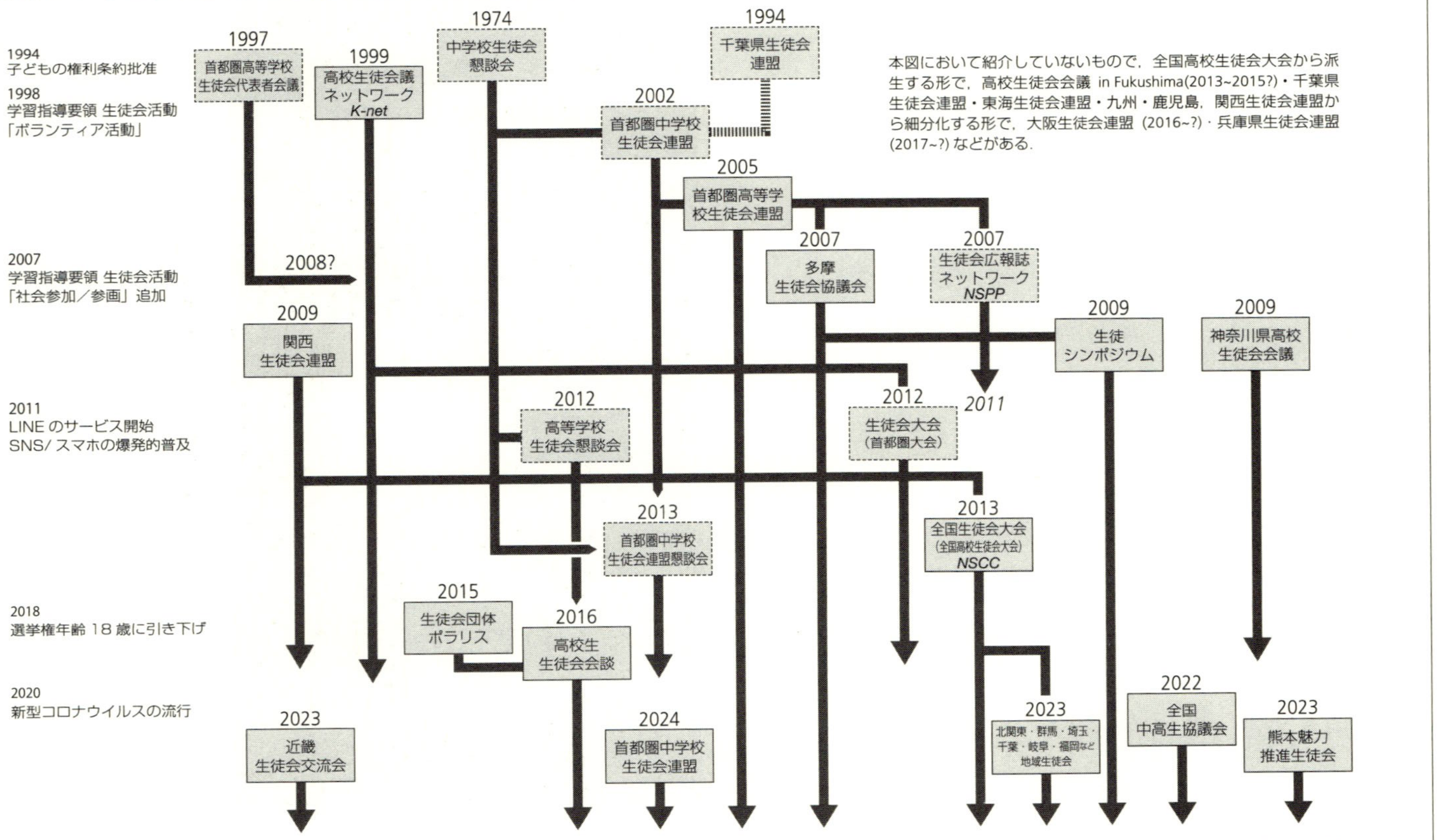


本図において紹介していないもので，全国高校生徒会大会から派生する形で，高校生徒会会議 in Fukushima(2013~2015?)・千葉県生徒会連盟・東海生徒会連盟・九州・鹿児島，関西生徒会連盟から細分化する形で，大阪生徒会連盟（2016~?）・兵庫県生徒会連盟(2017~?) などがある.

一般社団法人生徒会活動支援協会作成

じ、3月に定例化した「全国高校生徒会大会」を1つの節目としながら、全国に多数の「生徒会団体」が生まれていくこととなりました。

### （4）コロナ禍以降の「新しい生徒会」の可能性

2020年4月以降のコロナ禍により、生徒会と生徒会団体の活動も大きな転換を迫られました。

学校内の活動については、コロナ対策のため生徒総会や文化祭など各種生徒会・学校行事の中止や開催方法見直しが不可避的に必要となりました。こうした中、前年踏襲ではうまくいかなくなった活動を立て直すため、「なぜやるのか」「どうやるのか」に立ち返るべく、コロナ禍を通じて進んだＤＸツールを駆使して広く生徒から意見収集を行ったり、今までは参加してこなかった生徒会団体の会議にオンラインで出席したり、オンライン会議ツールを使って遠隔地の高校を取材して情報収集を行うなど、生徒会活動の再活性化を試みる事例が多数見られるようになりました。

また、コロナ禍と前後し、「ブラック校則」が社会問題化したことも見逃せません。第1部第2章で書いたように校則を含むルール見直し活動の多くが教員主導で行われるなどの問題は見られるものの、いくつかの学校では「マンネリ化」「イベント屋」を乗り越え、自らに関することを自ら決める実質的な生徒会活動が見られるようになってきたといえます。

生徒会団体もまた、コロナ禍によって、定例化されていた全国高校生徒会大会が中断するなど、当初は活動の停滞を余儀なくされました。しかし、各種団体はＤＸツール等を用いてオンラインイベントを開催するなどして活動の継続を模索します。

特に設立以降、各種の生徒会団体の中核にあった全国大会については、「全国生徒会大会」として一般社団法人生徒会活動支援協会主催で2021年3月にオンラインで実施。2023年にはオンラインとオフラインのハイブリット形式で実施され、コロナ以前を遥かに超える全国から300人以上の参加者を集めることに成功しました。

2024年からは再び、コロナ以前と同様、全国の生徒会役員の高校生による実行委員会主催の形に戻して実施できるようになりました。群馬、埼玉、福岡、千葉、岐阜など、これまで生徒会団体の活動が活発でなかった地域にも「地域生徒会」を作ろうとする試みが見られるなど、活動の幅がさらに広がりを見せています。今後は、創立したメンバーの卒業を見据え、どのように活動を継続させていくかが課題となりそうです。

# 第3章
# 若者を主役にする「18歳選挙権」と「こども基本法」

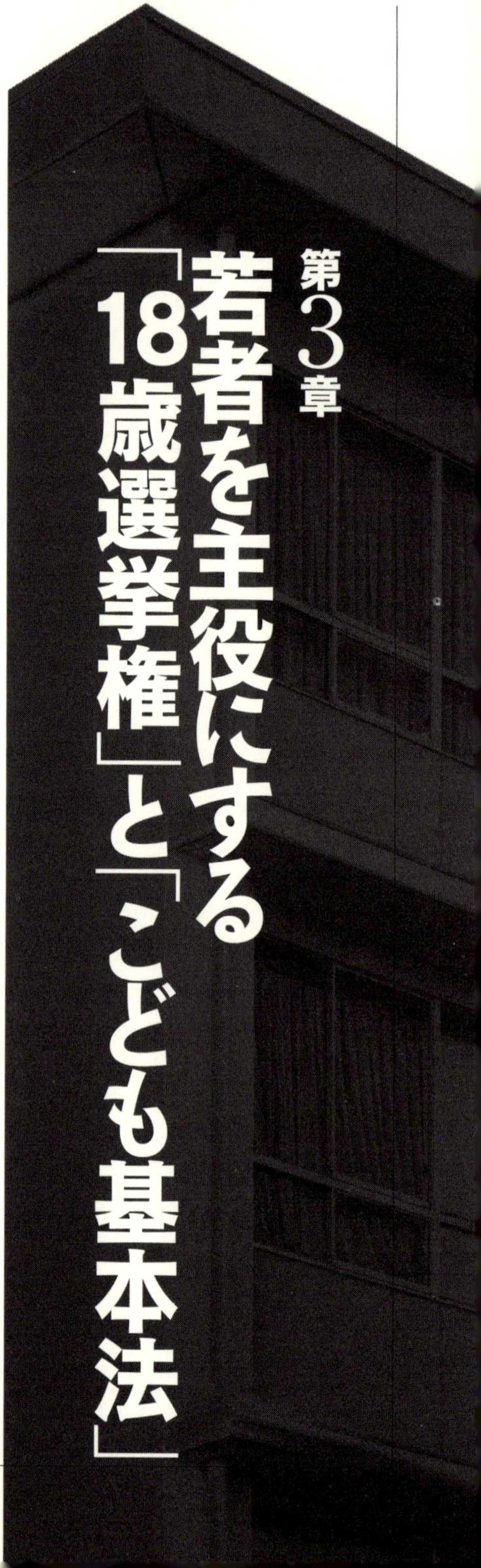

## （1）「18歳選挙権」と「18歳成人」の実現

第2章で見たように、時々の生徒会活動は大きな政治社会情勢に応じて、そのあり方を大きく変化させてきました。こうした観点から近年の生徒会にとって最も影響の大きな社会変化の一つが「18歳選挙権」と「18歳成人」の実現ではないでしょうか。

２０１５年6月、公職選挙法等の一部を改正する法律が成立し、20歳からだった選挙権年齢が18歳に引き下げられ、18歳選挙権が実現しました。

それまでの日本では選挙権年齢が20歳以上であることが当たり前だと理解されていました。しかし、世界を見ると欧米では既に１９７０年代に選挙権年齢の引き下げが行われており、日本は世界から約40年遅れて、ようやく世界の9割の国と同じように18歳選挙権を実現することができました。また、２０２２年4月には民法も改正され、成人年齢も20歳から18歳に変更されました。

そもそもなぜ選挙権年齢や成人年齢が18歳に引き下げられる事になったのでしょうか。そのきっかけは、２００７年5月に成立した日本国憲法の改正手続に関する法律（以降：国民投票法）にあります。

国民投票法の投票年齢を18歳にするとともに、附則に「満18年以上満20年未満の者が国政選挙に参加することができること等となるよう、選挙権を有する者の年齢を定める公職選挙法、成年年齢を定める民法その他の法令の規定について検討を加え、必要な法制上の措置を講ずるものとする。」と明記されました。

日本に限ったことではありませんが、政治や社会において若者の声を吸い上げることは難しく、特に日本においては高齢者の声を過度に反映している「シルバーデモクラシー」が課題として指摘されます。そのため、こうした選挙権年齢や成人年齢のような法改正の過程においてはもちろん、中高生や大学生も含めた若者たちが当事者として関われる環境をどう作っていくかが求められます。

人口減少と少子高齢化が進む日本においては、今後の成長は大きな課題です。国の成長戦略では人材が日本にとっての豊富な「資源」の一つとして位置付けられています。世界から取り残されることなく、強みとなる人材をさらに長いスパンで養成するためにも、どう若者たちが活躍できる社会にしていくかは重要な要素です。政財界はもちろん、あらゆる分野で若い人材が育つ環境整備を徹底していく必要があります。

## (2)子どもの権利条約(児童の権利に関する条約)と意見表明権

第2章(3)でも触れましたが、1990年代以降、生徒会活動においても大きな影響を与えたのが、子どもや若者が活躍し参画する社会を作っていくための基盤でもある「子どもの権利条約（児童の権利に関する条約）」です。

この条約は、高校生も含めた18歳未満のすべての子どもが、大人と同様に生まれながらにして権利を持つ一人の人として尊重されながら、安心して生活していける社会を作るために作られました。

中でも重視されている権利が第12条の「意見表明権」です。

第12条（意見表明権）

1．締約国は、自己の見解をまとめる力のある子どもに対して、その子どもに影響を与えるすべての事柄について自由に自己の見解を表明する権利を保障する。その際、子どもの見解が、その年齢および成熟に従い、正当に重視される。

2．この目的のため、子どもは、とくに、国内法の手続規則と一致する方法で、自己に影響を与えるいかなる司法的および行政的手続においても、直接にまたは代理人もしくは適当な団体を通じて聴聞される機会を与えられる。（国際教育法研究会訳）

このように、18歳未満の子どもに「影響を与えるすべての事柄について自由に自己の見解を表明する権利」（意見表明権）が認められています。また、意見表明権を保障する義務が締結国にあり、大人たちには子どもに関する事柄について当事者の意見を聞き、共に考えていく機会を確保するなどして、その権利を保障した制度・社会を作っていくことが求められています。

意見表明権を18歳未満の子どもたちに保障するために最も相応しい仕組みが、全国のほとんどの学校に設置された生徒会だといえます。なぜなら、全校生徒を対象とする生徒会は、実質的に日本の中高生のほぼすべてを会員とする、民主的で自治的な意見表明と合意形成のための組織だからです。

このため、生徒会を通じた活発な意見表明を支援することは、日本全国の子どもの意見表明権を更に保障することにつながります。逆に生徒会による意見表明を尊重せず、活動を形骸化させたままにしておくことは、子どもの権利条約の締結国に課された意見表明権を保障する義務に反するといえます。

また、生徒会を通じた意見表明権の保障を進めていくうえでは、意見表明権が何か他の義務を果たしたり、条件を満たしたりすることにより大人から与えられる特典ではなく、なるべく多くの子どもに保障されていくべき権利であることに注意する必要があります。例えば、生徒会が一部の役員だけで運営されていたり、教員の「あやつり人形」としてその方針と異なる活動が認められないままでは、権利保障は進みません。生徒会活動を通じて、なるべく多くの生徒が自身の意見を表明し、生徒に関わる事柄の決定や実施に参加できるよう支援していくことが重要です。

### （3）意見表明を位置付けた「こども基本法」の制定

日本ではこれまで、権利保障のための十分な取り組みが進んできたとは言えませんでした。例えば、日本の子どもの権利条約批准と同時に、当時の文部省（現在の文部科学省）は、意見表明権の規定は、子どもの意見が「必ず反映されるということまでをも求めているものではない」、校則は「学校の責任と判断において決定されるべき（「「児童の権利に関する条約」について」（平成6年5月20日文部事務次官通知））」などと、権利を積極的に保障しようとするのではなく、むしろ制限するような通知を出していました。以降も、意見表明権保障に向けた政策的な取り組みは停滞、学校現場でも「義務を果たさなければ権利はない」など誤った権利理解が広まる中でブラック校則が蔓延し、子どもの権利軽視が常態化してきました。

一方、2022年6月に制定された「こども基本法」以降の一連の政策など、近年はこうした状況が変わりつつあります。「こども基本法」は、子どもの権利条約の精神に基づき、18歳未満の子どもに関する政策（「こども施策」）に対する子どもの意見の反映を規定しています。また、2023年4月には「常にこどもの最善の利益を第一に考え、こどもに関する取組・政策を我が国社会の真ん中に据え」る「こどもまんなか社会」の実現を目的とした「こども家庭庁」が発足しました。こども家庭庁は、意見表明権保障の場として「こども若者★いけんぷらす」の運営を開始するなどしており、子どもの権利条約批准から20年以上が経つ中で、ようやく政府も本腰を入れて権利保障の実質化に乗り出し始めたようにも見えます。

しかし、これらの政策には次の課題があります。①「こども」ということから低年齢の意見表明に焦点が当てられており、中高生年齢の参画を進める政策も必要であること、②参画意識の高い一部の層のみにとどまらず幅広い子ども・若者全体の意見表明権保障になる必要があること、③形式的な意見表明に終わることなく自らの生活環境や社会環境の改善への継続的・実質的な参画につながる意見表明の仕組みづくりが不可欠であることです。

これらの課題を乗り越えるために、子どもの意見表明権保障の柱であり、日本中のほぼすべての中高生年齢の若者を会員とした意見表明のための組織として、すでに全国の大半の中学校・高校にある生徒会を活用することが必要です。

このためには、各学校の生徒会活動を活性化するのみならず、生徒会を基盤に本書でこれまで書いてきた地域生徒会を組織していくことで、地域の中高生の意見を反映する仕組みを創っていくことにも大きな可能性があります。子どもの意見表明権保障を進める政策を更に実質化していくために、既存の生徒会をベースに、更にそれを発展させた「新しい生徒会」への環境整備をさらに加速させていくことが求められます。

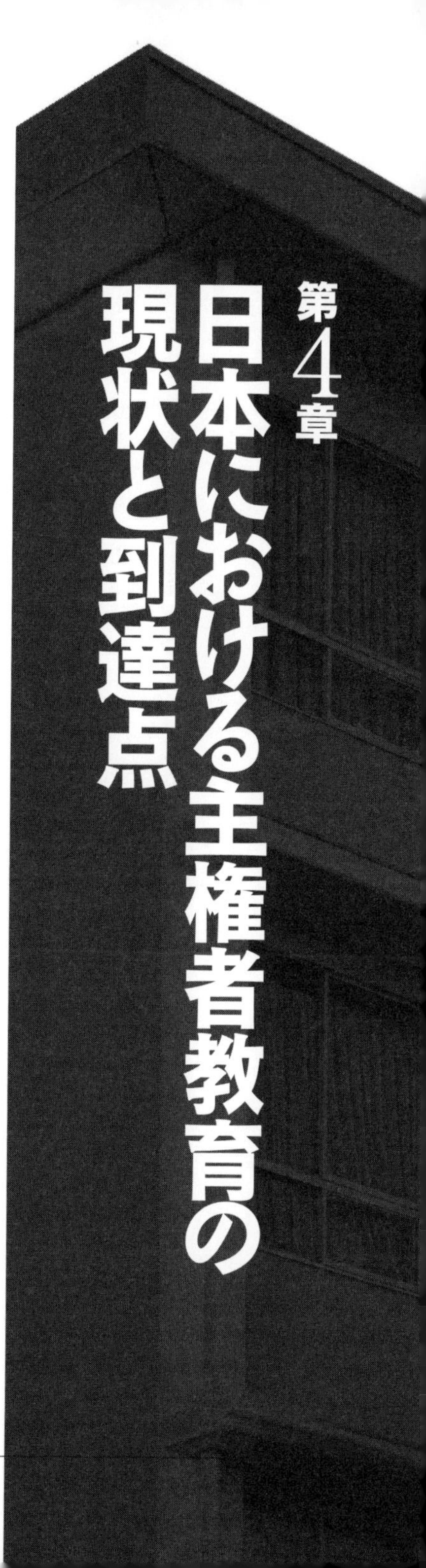

# 第4章 日本における主権者教育の現状と到達点

## （1）そもそも主権者教育って何だろう？

18歳選挙権の実現に伴い、全国の高校を中心に本格的に実施されることになったのが「主権者教育」です。

そもそも主権者とは、分かりやすくいうと、国を治める力（権力）を持つ者のことで、つまり私たち国民のことです。

そして、主権者教育とは、「国や社会の問題を自分のこととして捉え、自ら考え、自ら判断し、行動していく主権者を育成していくこと（総務省「常時啓発事業のあり方等研究会」最終報告書）」とされています。

ではなぜ、主権者教育は必要なのでしょうか。学校で国会の定数や三権分立といった「政治の仕組み」について学んだという人は多いでしょう。一方で、国会で議論されている法案や選挙で各政党が掲げる公約の内容、すなわち「政治や政策の中身」について学んだという人は少ないのではないでしょうか。

もちろん、政治の仕組みも大切ですが、あわせて政治や政策の中身についても学ばなければ、どのように投票先を決めればいいのかを判断することは難しく、選挙に関心を持てず、棄権する人も出てきます。

だからこそ、とりわけ政治や政策の中身について学び、国や社会の問題を「自分ごと」として捉え、自ら考え、判断し、行動していくための主権者教育を充実させる必要があるのです。18歳選挙権が施行した2016年以降、文部科学省が約3年に1度行っている主権者教育に関する実施状況調査によると、2022年度では全国の国公私立高等学校等の約94％が主権者教育を実施していると回答しています。

では、主権者教育とは具体的にどんな教育内容を指すのでしょうか。20

15年、文部科学省と総務省は主権者教育に関する副教材を作成しました。その中で、各政党の選挙公約を検討しながら実際の投票方法等について学ぶ「模擬投票」や、議会で議論されている様々な政策について考える「模擬議会」等が取り上げられています。

しかし、そうした実際の政治や政策を扱うことだけが主権者教育ではありません。社会の問題を自分ごととして捉えるためには、身のまわりの課題について考えることも大切なアプローチです。

日本と同様、民主主義を社会の基盤としている欧米諸国でも主権者教育（政治教育）を行っていますが、身近なことから選挙について学ぶという点はどの国でも共通しています。ステップ・バイ・ステップ・アプローチとして、年齢に応じて少しずつ政治や選挙について学んでいくスタイルを取っており、若者たちが政治や選挙を自分とは無関係なものではなく、自分の日常生活にも関係していると捉えられるような工夫が授業の中に散りばめられています。

## （2）主権者教育と政治的中立性

こうした主権者教育を実施する上で重要な点として「政治的中立性」があります。

日本では、改正教育基本法に「政治教育」として、「第14条（政治教育）1項：良識ある公民として必要な政治的教養は、教育上尊重されなければならない。2項：法律に定める学校は、特定の政党を支持し、又はこれに反対するための政治教育その他政治的活動をしてはならない。」と規定され、政治的教養を育む必要性が明記されています。

しかし、小中学校の社会科と公民においては、国や地方の行政に関する知識や制度理解が授業の中心となっており、「国や社会の問題を自分の問題として捉え、自ら考え、自ら判断し、行動していく」ための授業で徹底されてきたとはいい難いのではないでしょうか。

その背景には、戦後のイデオロギー対立が深まる中で、教育の政治的中立が過度に強調され、本来は政治教育を促進するための中立性が、学校で政治教育を扱うこと自体を避けさせていることが挙げられます。教育において政治的中立性を担保することは欠かせませんが、それを理由にして主権者教育まで避けてしまったら本末転倒です。

とはいえ、教員が政治的中立性について考えることが難しいのも実情です。そこで、実際の政治や政策を扱う内容ではない主権者教育として大きな可能性をもっているのが、生徒会活動です。生徒会活動を主権者教育として捉え直す取り組みは全国でもまだ実践例が少ないのですが、本書を参考に一層推進することが求められます。

# 第5章 高校生と政治参加

## （1）高校生の政治活動を解禁する通達

２０１５年、18歳選挙権の実現と合わせ、従来まで禁止されていた高校生の校外における政治活動が解禁されました。

これだけ聞くと、日本も高校生の政治活動に理解を示し、規制を緩和したかのように見えますが、単純にそうとはいえません。

そもそも、これまでの「高校生の政治活動を禁止する」通達が出されることとなったのには歴史的な背景があります。第2章にもあるように１９６０年代・70年代における大学紛争の影響等から一部の高校生の間に、違法または暴力的な政治的活動への参加や、授業妨害や学校封鎖などを行なったりする例が発生していました。こうした状況に対し、未然に防止するということが高校生の政治活動禁止の建前でした。

このことから考えれば、その後の時代状況はすでに変わっており、この通達自体が時代錯誤になっていました。しかし、廃止されずにいたことで通達の存在が教育現場に大きな重石となり、欧米に比べてシティズンシップ教育、政治教育、主権者教育が大きく遅れた要因の1つといえます。

### （2）高校生の政治活動の「届出制」

高校生の政治活動が解禁されたことで、単純にすべてが好転したわけではありません。新たに出てきた議論の1つに、「届出制」があります。学校外における生徒によるデモや集会への参加などを事前に届けることを義務づけようとするもので、愛媛県ではこのために県内全59校の県立高校が校則も改めました。

こうした届出制を実施する自治体が出てきた背景には、文部科学省が出した『「高等学校等における政治的教養の教育と高等学校等の生徒による政治的活動等について」（初等中等教育局長通知）Ｑ＆Ａ（生徒指導関係者向け）』（以降：「Ｑ＆Ａ」）があります。

文部科学省はこの中で、生徒の政治活動の届出制について、「必要かつ合理的な範囲内の制約」として導入を認めています。校外における高校生の政治活動を解禁する一方で、こうした届出制を認める文部科学省の対応には大きな矛盾も感じます。ただ、「Ｑ＆Ａ」では届出制について「個人的な政治的信条の是非を問うようなものにならないようにすることなどの適切な配慮が必要」とも指摘しており、大阪府教育委員会などは「事実上の許可制になる恐れがある」として届出は不要とのガイドラインを策定するなど、届出制はそれほど広がっていません。

日本国憲法では第21条で「1　集会、結社及び言論、出版その他一切の表現の自由は、これを保障する。」と規定しています。届出制により実質的な「許可制」となれば、憲法で保障されている政治活動の自由を脅かしかねません。

## （3）達成されていない課題、被選挙権年齢の引き下げ

選挙権年齢や成人年齢の引き下げが実現した一方で、未だ達成されていない課題もあります。その1つが、「被選挙権年齢」の引き下げです。

日本国憲法は、第15条第3項で「公務員の選挙については、成年者による普通選挙を保障する。」と定めており、第44条では「両議院の議員及びその選挙人の資格は、法律でこれを定める。但し、人種、信条、性別、社会的身分、門地、教育、財産又は収入によつて差別してはならない。」として、選挙権のみならず被選挙権についても資格の平等を定めています。

選挙には投票する権利とともに「立候補する権利」があり、その双方を含めて普通選挙と捉えるならば、むしろ「被選挙権」についても少なくとも成年者には保障する必要を感じます。

被選挙権年齢引き下げについても、選挙権年齢の引き下げの直後は国内でも動きがありました。2013年、国家戦略特区として地方選挙における選挙権・被選挙権年齢を市町村が独自に設定できる「若者の政治参加を通じた

地域活性化に係る特区」が提案されると、国家戦略特区ワーキンググループによるヒアリングにおいて、特に被選挙権年齢の引き下げについて評価を得ました。

２０１４年から15年にかけて国の憲法審査会などで「選挙権年齢引き下げについて議論される中、被選挙権年齢についても引き下げが必要だ」と意見が示されたことをきっかけに、国会内でも急激に被選挙権に関して発言が増えました。直後の２０１６年参議院議員選挙では、与野党の主要政党のすべてが選挙公約に被選挙権年齢の引き下げを掲げました。しかし、こうした動きもいまだ改正にまではいたっていません。

# 第4部　生徒会を取り巻く環境の変化

## 第5章　高校生と政治参加

205—204

# 第5部

# これからの時代に求められる「新しい生徒会」とは

第5部では、生徒会をどう発展、推進させていくべきなのかという視点で、生徒会役員はもちろん、顧問など教員をはじめとした学校関係者、さらには自治体や文部科学省の行政関係者も含めて、生徒会に関わるすべての方々に対しての提案をまとめます。

この国の民主主義の質を高めるとともに、日本の将来を担う若い人材を増やしていくためにも、自分の学校で取り組み始められるところから、ぜひ「新しい生徒会」のモデルに挑戦していただければと思います。

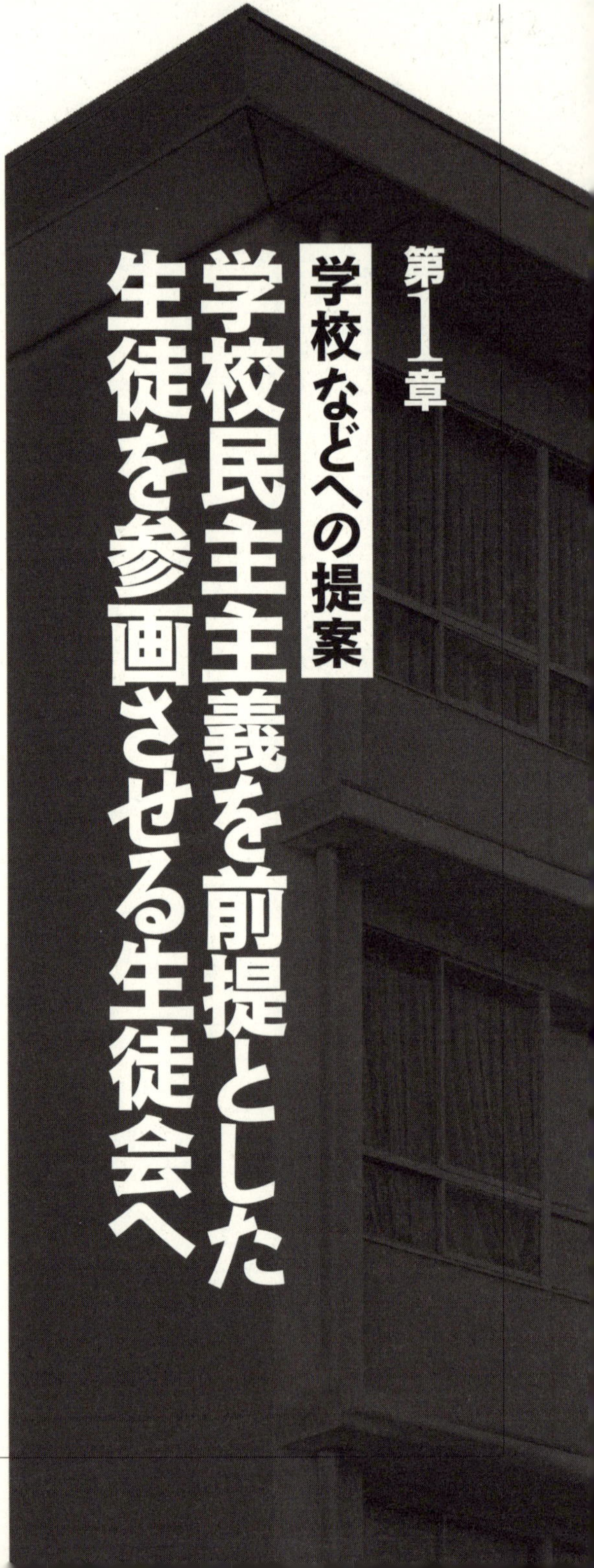

# 第1章

## 学校などへの提案

# 学校民主主義を前提とした生徒を参画させる生徒会へ

### （1）主権者教育としての生徒会活動の取り組み

中高生にとって身近な社会の1つが学校であることはいうまでもありません。その学校の課題を解決する役割を担うのが生徒会です。

国や社会の問題を自分のこととして考える主権者教育の観点で生徒会活動を見てみると、例えば、生徒会長選挙は文字通り生徒たちが「自分の1票」

を投じて「自分たちのリーダーを選ぶことができる」という意味で、模擬投票ではない「本物の選挙」を経験することができます。

また、近年、全国的なトレンドとなっている「校則の見直し」は、実社会のルールである法律や条例等のあり方を考える前のトレーニングにもなるといえるでしょう。

主権者教育について先進的な自治体の1つに神奈川県があります。神奈川県教育委員会は、2011年度から県立高校等で「シチズンシップ教育」を導入しました。さらに、2016年度には義務教育段階でも主権者教育（「政治的教養を育む教育」と呼称）を導入しようと検討会議を立ち上げ、翌年度以降は、神奈川県内の各市町村教育委員会の協力を得て、小中学校で様々な実践が行われています。

例えば、2022年度には横須賀市立長沢中学校で、同市内の公立中学校として初めての事例となる「校則の見直し」を主権者教育に位置付け、生徒会役員を中心としながら教員と一緒に取り組みました。

また、主権者教育では「部活動に対する予算配分」を題材として位置付けることもできます。生徒会が各部への予算配分を行っている中学校・高校もありますが、どのような基準で予算配分を行うのかは公平性を担保するうえで重要なテーマだといえます。

この基準について、教員だけで決めるのではなく、生徒が考えることは、実際の選挙で問われる「財源」を考える前のトレーニングにもなります。

現在、日本は1200兆円を超える借金を抱えている一方、少子高齢化によって年金などの社会保障費が増大しています。財政を保っていくためには、消費税を増税するなどの負担や限られた財源（資源）の分配について、国民が納得できる基準を決めることが必要です。その基準が「政策」であり、国民が納得できる政策を決めるのが「選挙」なのです。

現代の日本社会が右肩上がりの経済成長の時代を終え、厳しい税財政やエネルギー問題など、「限られた資源や負担の分配の時代」を迎えていることを踏まえると、「どのようにすれば、社会において、できるだけ多くの人が納得できる意思決定を行えるのか」を考えることは、有権者にとっても重要といえます。将来有権者となっていく中高生が学校における予算の配分を考えることは、その第一歩になるのではないでしょうか。

もちろん、これは予算の配分に限らず、「校庭や体育館の使い方」「掃除当番の決め方」等、校内における様々な基準について考える上でも活用できます。生徒自身が、身の周りの課題を「自分ごと」として捉えるという意味で、生徒会活動を主権者教育に位置付けて取り組む必要性が一層高まっているのです。そして、若者にとっての身近な社会である学校における課題解決にリーダーやフォロワーとして取り組む生徒会活動こそ、今求められている「若者参画」の第一歩になるといえるでしょう。

### (2) 生徒会役員だけではない生徒全体を巻き込んだ活動への発展

「生徒会活動」を生徒会役員による活動だと誤解されていることがよくあります。いうまでもなく、生徒会活動とは、全校生徒が主体者として活動することで民主主義を学ぶための仕組みであると同時に、校内自治の仕組みでもあります。

ただ、役員以外の一般生徒が生徒会活動を通じて民主主義を学んでいると実感しているケースがどれくらいあるでしょうか。

こうした状況は、他の先進国と比較して極端に低い選挙投票率や、政治家の汚職などが問題になった際のワイドショー的な報道に関心が向きやすい日本の政治風土そのものの縮図といえるかもしれません。

しかし、「だから仕方がない」ではなく、「だからこそ」この国の民主主義の質を高めていくためにも生徒会の可能性を重視し、役員以外の生徒を巻き込み、民主主義のモデルを体感していくことが非常に重要です。

実社会においても市民に意見を聞くパブリックコメントだけでは不十分との考えから、より住民参画（パブリックインボルブメント）を進める必要性が指摘されています。また、行動経済学をベースにした、市民が自発的に動く「ナッジ」の活用による政策形成や課題解決なども始まっています。

生徒会の中でもコロナ禍を契機にDX化が進み、ITの利活用が進んできていますが、こうした新たな考え方や仕組みも活用し、より幅広い生徒を当事者として巻き込みながら活性化させていくことで、リーダーのみならずフォロワー養成もできる生徒会をめざしていただきたいです。

### （3）生徒主導の校則見直しと、教員との対話の場も含む見直し過程の制度化

近年、ブラック校則の問題がメディアにも取り上げられ、社会的な問題として捉えられるようになりました。同時に校則見直しに生徒を関わらせる取り組みも増えています。これは学校民主主義の中でも中心的な活動の1つであり、ルールメイキングに生徒を参加させる方向性は評価に値するでしょう。

一方で、ブラック校則に関しては、社会的に誰が見ても変えるべきものである場合が多く、本来学校側や教員側の責任で見直さなければならないものまで生徒にやらせ、その責任も負わせているといえないでしょうか。

校則の見直しは、生徒にとって最も身近な社会である学校の課題を「自分ごと」として捉え、考え、判断するという点で、主権者教育の一環となります。それを教員ではなく、生徒同士で選ばれた生徒会長を中心とする役員が主導することは、実社会での課題解決を見据えたうえで必要な過程といえます。そのため、校則見直し案が、例え学校側が望むものや想定していなかっ

たものであっても、生徒たちが自らが考えたものであれば学校側は協議に応じてもらいたいです。

文部科学省では、校則とは「学校が教育目的を実現していく過程において、児童生徒が遵守すべき学習上、生活上の規律として定められるもの」であり、「校則を制定する権限は、学校運営の責任者である校長にある」としていますが、校則の内容は「児童生徒の実情、保護者の考え方、地域の状況、社会の常識、時代の進展などを踏まえたものになっているか、絶えず積極的に見直さなければならない」としています。

見直しの際には「児童生徒が話し合う機会を設けたり、ＰＴＡにアンケートをしたりするなど、児童生徒や保護者が何らかの形で参加する」例もあると明示されています。

こうした点からもさらに踏み込み、学校や保護者などとの意思決定を行うための連絡協議会や三者協議会などの設置や、生徒主導で校則や生徒会会則などの学校ルールを見直す仕組みを作っていくことにも取り組んでいただきたいです。

## （4）生徒が生徒会予算決定権を持つ仕組みづくり

かつては生徒会活動が活発だった公立の伝統校などでは、生徒自らが部活動も含めた生徒会予算の編成や執行を担っていました。しかし、時代や社会状況の変化の中で、予算を生徒会自ら編成して執行する学校は減ってきています。

学校民主主義の観点からも、校則の見直しなどルールメイキングとともに、予算編成や執行における参画も重要な要素です。例えば、部活動等の予算配分に生徒が関わることは、実際に選挙権を得た際、選挙を通じて国や自治体の財政について考えることにつながります。今一度、全国の各学校で予算編成に関われる生徒会を増やしていっていただきたいです。

多くの学校では、生徒総会で決算報告や予算承認を得ていても、実態は教員が予算案を作成していたり、前年の踏襲をするだけだったり、生徒が関与できる部分はほとんどなく形骸化しています。予算案について生徒会で検討し、校内での合意形成を図り、必要に応じて教員や保護者とも対話し、生徒総会等を通じて生徒会として決定し実行するという一連の過程を明確にすることが必要です。

生徒会予算の決定権を生徒が持つことは、同時に「果たすべき責任」も生徒が負うことになります。校則の見直しも含めて、生徒一人一人が「あれもやりたい」「これもしてほしい」という「いいっ放し民主主義」になるのではなく、自分たちで決めたことは責任を持って取り組む姿勢が大切であることはいうまでもありません。

これまでの生徒会予算は、全校生徒から集めた生徒会費で運営することが前提でしたが、これからは寄付を募ったり、生徒会が活動資金を稼ぐことも考えられるのではないでしょうか。例えば、生徒たちが使わなくなった学校の備品をＥＣサイトで販売して活動資金にしている学校もあります。常識に捉われることなく、新しい生徒会のあり方を模索していただきたいです。

## （5）生徒会顧問が活躍しやすい環境の整備と、生徒会に伴走するコーディネーターづくり

ヨーロッパでは、教員は授業の持ちコマの一部を生徒会指導に割り当てることができます。実質的なコマ削減になるため、生徒会顧問を担うことが負担にならないようにしています。また、生徒会に関する指導事項等には守秘義務が発生し、他の教員にすら話すことはできないようになっています。

日本においては、生徒会顧問の仕事が通常業務や部活動などに追加される場合も多く、生徒会の経験や指導実績ではなく、若手教員に役割が集中してしまうケースも見られます。

ヨーロッパの事例も参考にしながら、生徒会を指導する顧問を取り巻く環境の整備を行うと同時に部活動のコーチなどと同じく、外部人材の活用も検討していただきたいです。

また、ヨーロッパでは生徒会顧問を生徒会の指名によって決める国もあります。そうすることで生徒会活動に理解のある教員を選べ、顧問も生徒から指名されることで熱心に取り組みます。こうした取り組みも環境整備の一環

として検討していただきたいです。

第2部第2章で生徒会団体について紹介をしました。学校を超えて優良事例を共有することは生徒会役員のみならず、生徒会顧問の教員にとっても悩みや課題を共有し、解決策や指導法などを考え、質の向上につながります。教科学習においては教員間による研究会も数多くありますが、生徒会指導においても教員間で研究する場が必要ではないでしょうか。

## (6) 世界水準の人材育成のためにも「学校会議」の設置が必要

日本の生徒会は、戦後、アメリカの生徒会をモデルに、民主主義を根付かせるために導入されたものです。世界で最もこの分野が進んでいるヨーロッパ諸国の事例などを見ても、根底には学校民主主義の考えがあり、そこに基づいて活動が具現化されています。

一方で、日本国内では学校民主主義を土台に実施している学校は少なく、18歳選挙権や18歳成人で求められる若者参画の重要性を考えた場合、日本でも世界標準の学校民主主義に基づく生徒会活動を実現することが求められます。

第3部で紹介したように、ヨーロッパの学校民主主義の象徴的な仕組みの1つに、生徒も参画する学校における最高意思決定機関「学校会議」の存在があります。生徒たちが校長や教員、保護者、地域住民、弁護士などの専門家とともに参画し、学校規則や校内規則はもちろん、授業時間や休憩時間の配列、教室の割り振りといった「学校生活や授業の組織編制」をはじめ、通学路の安全、就学援助、校内事故防止の取り組みなどの「生徒の保護」、学校パートナーシップ、学校行事の企画にいたるまで幅広く関わります。

世界の中で日本の若者のレベルが低いということはありません。むしろ世界で活躍できる人材育成の観点からも、若者が活躍し、経験的に学べる環境を整備していく必要があります。教員、保護者、地域住民といった大人の利害関係者との対話や合意形成の過程に生徒会が主導的に関わる仕組みづくりを進めていただきたいです。

特に、地域と関わる校則の見直しでは、学校運営協議会（コミュニティスクール）に、生徒の代表が出席することで、教員・保護者・地域住民と対等に話し合うことができます。

こうしたモデルの構築を各学校で進めるとともに、国や自治体においてもヨーロッパ型学校会議の設置や学校運営協議会への生徒参画を推進していただきたいです。

# 第2章

## 国や地方自治体などへの提案

# 若者参画としての生徒会発展のための地域生徒会や全国組織の構築

### （1）地域ごとの生徒会連盟組織の構築、こども施策・まちづくりへの参画

第2部第2章で地域における生徒会や生徒会団体について紹介しました。

18歳選挙権の実現や、こども家庭庁の創設など、こども施策の推進で若者参画の必要性について触れられる機会も増えました。一方で現状はまだ形式的な参画や、一部の意識の高い若者の参画に留まっているといえます。

生徒会活動に対しても、生徒会役員による活動だと誤解している人も多いようですが、本来は全校生徒が会員の生徒の会です。生徒全員が参画する生徒会を活用することで、特定の若者だけでなく、地域における若者全体の声を反映する仕組みを作ることもできます。

第3部第3章で、もう1つの生徒会として欧州の若者協議会の事例を紹介しましたが、日本でも生徒会の連盟組織を各地域に作り、地域生徒会として自治体におけるまちづくりに中高校生の声を反映していただきたいです。第2部第2章では、熊本市内の学校の生徒会連盟組織である「熊本魅力推進生徒会」が、熊本市を高校生にとって魅力的な街にしていくための政策提言を作り、市長や教育長に提言したことを紹介しました。昨今は、各自治体において「若者議会」が開催されるなど、地域における若者たちの声を聞いてまちづくりに反映させようという取り組みも始まっています。そうした中で、地域における生徒会連盟組織を設立しようという中高生の動きも広がりつつあります。

生徒会連盟組織を単なる地域の生徒会による情報共有や交流組織に留めるのではなく、ヨーロッパにおける若者協議会や州生徒会も参考にしながら、中高生の声をまちづくりに反映したり社会参画していける仕組みへと発展させていただきたいです。

## （2）生徒会活動を活性化させる全国大会の実施

あらゆる面で「ブラックボックス」になりがちな生徒会において、他の学校の事例を参考にすることは非常に重要です。また、多感な中高生段階においては、専門家から学ぶこともちろんですが、「ピア・トゥ・ピア」による同世代のリーダーたちから刺激を受けることで新しい気づきを得られます。

そのためにも、全国の生徒会役員たちが参加できる、3つのタイプの生徒会の全国大会を整備していく必要があるのではないでしょうか。

1つ目は、全国の生徒会役員たちが同世代のリーダーたちと交流し刺激を得るための場です。第2部第2章で紹介した全国生徒会大会はこれにあたります。

2つ目は、全国の優良事例を集め、その年の最も優秀な生徒会活動を行った学校及び個人を競い、表彰するための場です。一般社団法人生徒会活動支援協会では毎年、全国の生徒会からの応募を受け、その年の優良事例を「日本生徒会大賞」として表彰しています。書類審査を追加した学校や個人は決選大会に出場し、当日にプレゼンテーションで競い合います。

3つ目は、ヨーロッパの先進事例である全国若者団体協議会（LSU）のように、高校生からの政策提言を国や政府に伝え、政策形成に若者を参画させていく仕組みです。

そうした全国大会に、より多くの生徒会役員たちが参加できるように整備するとともに、文部科学省や教育委員会などの行政組織にサポートしていただく必要性もあると考えています。

## （3）活動が積み重ねられる仕組みの構築、生徒会活動の実態調査の実施

生徒会活動は学校生活の限られた期間にしか実施できません。中高一貫校

においては最大5年活動できる学校もありますが、それ以外の中学校・高校における役員任期は長くても2年程度。しかもメンバーが大きく変わっていくことから、活動のノウハウを積み重ねていくことが難しく、自校の生徒会であっても過去の活動を継続できていないケースもあります。ましてや他校と活動状況を共有することもほとんどできません。

まずは自校における生徒会活動の実績を積み重ねる仕組みを作っていくとともに、他校とも積極的に連携し、自校の発展につなげていただきたいです。

また、生徒会の実態調査については、全国レベルはもちろん、都道府県や地域レベルでもほとんどありません。わずかに第1部第2章で取り上げた東京都内の国公私立校を対象に行った調査と、千葉市内全55中学校を対象に行った調査などがあるのみで、全体像の把握は不十分です。

文部科学省による全国一斉の調査にも期待したいところですが、一方で、実施できる都道府県や市区町村の教育委員会からでも調査を実施し、生徒会活動の実態把握を行っていただきたいです。

## （4）生徒会顧問育成の仕組みづくりの必要性

一般社団法人生徒会活動支援協会が主催する日本生徒会大賞で受賞した学校のほとんどは、生徒会顧問が生徒会メンバーの意思を最大限尊重し、指導ではなく伴走しようとする姿勢を大切にしています。

学校においては、指導する教員と指導される生徒という構図になりがちですが、それは正解を教員が知っているという前提に立っています。一方で、例えば校則の見直しでは、生徒だけでなく教員にとっても初めて取り組む学校が少なくありません。その場合は正解を教員が生徒に教えるのではなく、一緒に模索することが求められます。とりわけ生徒会顧問は指導ではなく伴走し、ティーチャーではなくコーディネーターとしての役割が求められます。

コーディネーターとしてどのように伴走するのか。それを生徒会顧問が学ぶ必要がありますが、これまでは学校教育では生徒会の優先順位は高いとはいえず、教員養成課程・教員研修などにおいても生徒会顧問の育成という視点はほとんどありませんでした。しかし、これからは生徒会顧問の育成や研修の場も構築していっていただきたいです。

第5部　これからの時代に求められる「新しい生徒会」とは　第2章　【国や地方自治体などへの提案】若者参画としての生徒会発展のための地域生徒会や全国組織の構築

# おわりに――「新しい生徒会」を若者の社会参画のど真ん中に

本書では、生徒会の歴史や生徒会実態調査のデータからレビューしつつ、一般社団法人生徒会活動支援協会主催の日本生徒会大賞受賞者の活動を優良事例として紹介しました。また、海外の取り組みにも言及しつつ、18歳選挙権・18歳成人導入後の日本がめざすべき「新しい生徒会」像に迫り、合わせて国・自治体・学校に向けての提言も示しました。

2023年にこども家庭庁が発足し、子どもに関する様々な施策を一元化する中で、「若者の社会参画」が一層求められるようになりました。それに向けた多様なチャレンジが行われつつある中で、生徒会活動はまだ十分にスポットライトが当たっているとはいえません。若者たちにとって最も身近な社会である学校に参画するという意味で、生徒会活動は「若者の社会参画」の〝ど真ん中〟に位置するはずです。

また、生徒会活動は学校内にとどまるものではありません。どこの学校にもある生徒会を基盤に、複数の生徒会が連盟した地域生徒会や全国生徒会を創り、参画の範囲を広げていくことで、特定の若者個人ではなく、世代全体の声を反映した子ども・若者参画の核となる仕組みになっていくはずです。

私たち一般社団法人生徒会活動支援協会は、こうした時代背景を鑑みながら、「新しい生徒会」の構築をめざして日々活動しています。日本生徒会大賞の表彰、「生徒会.jp」による情報発信、全国生徒会大会の開催、国や自治体では行われてこなかった生徒会活動の実態調査、本書のような出版・提言活動などを展開し、生徒会活動の活性化を通じた「若者参画時代」の先導者として、教育現場の先生方とも協働しながら取り組んでいきます。

最後に、本書の執筆にあたっては、歴代の日本生徒会大賞を受賞された学校・生徒の方々、当協会の顧問を務めていただいている有識者の皆様、当協会の活動に理解と協力をいただいている多くの方々にご尽力をいただきました。そして、出版の機会をいただいた旬報社様に心より御礼を申し上げます。

2025年1月

## 参考文献（50音順）


明るい選挙推進協会『私たちの広場』（2006・明るい選挙推進協会）

猪股大輝「19-20世紀転換期アメリカにおける教科外活動を通じた市民性教育方法の開発――ウィルソン・ギルの「学校市」とその批判を手がかりに」（2022年・教育史学会『日本の教育史学』65巻103~116頁）

猪股大輝「アメリカ課外活動成立過程に関する一考察――生徒の自治活動を学校内化するロジック」（2023年・日本教育学会『教育学研究』90巻2号248~261頁）

猪股大輝「占領期日本における教科外活動の教育課程化と特別教育活動の成立過程――『中学校高等学校　管理の手引』に着目して」（2024年・日本カリキュラム学会『カリキュラム研究』33巻29~42頁）

遠藤芳信『生徒会に君の力を』（1987・明治図書出版）

小串聡彦・小林庸平・西野偉彦・特定非営利活動法人Rights著『特定非営利活動法人Rightsドイツスタディツアー報告書――ドイツの子ども・若者参画のいま』（2014・特定非営利活動法人Rights）

喜多明人他編『子どもの参加の権利　〈市民としての子ども〉と権利条約』（1996・三省堂）

喜多明人『子どもの権利――次世代につなぐ』（2015・エイデル研究所）

小玉重夫『シティズンシップの教育思想』（2003年・白澤社）

小林哲夫『高校紛争　1969-1970――「闘争」の歴史と証言』（2012年・中公新書）

近藤孝弘『ドイツの政治教育　成熟した民主社会への課題』（2005・岩波書店）

坂本光男『生徒会の自治をかれらに』（1978・明治図書出版）

坂本秀夫『生徒会の話――生徒参加の知識と方法』（１９９４・三一書房）
城繁幸・小黒一正・高橋亮平『世代間格差ってなんだ――若者はなぜ損をするのか？』（２０１０・ＰＨＰ研究所）
全国高校生活指導研究協議会編『全校集団づくりと生徒会行事』（１９８５・明治図書出版）
高橋亮平・小林庸平・菅源太郎・特定非営利活動法人Rights編『18歳が政治を変える！――ユース・デモクラシーとポリティカル・リテラシーの構築』（２００８・現代人文社）
高橋亮平「データ調査をしたら「生徒会長選挙実施はわずか７％」だった。千葉市の先導的取り組み」（２０１７・生徒会.jp）
特定非営利活動法人Rights『特定非営利活動法人Rightsスウェーデンスタディツアー報告書』（２０１０・特定非営利活動法人Rights）
特定非営利活動法人Rights『特定非営利活動法人Rights英国スタディツアー報告書』（２０１１・特定非営利活動法人Rights）
日高教高校教育研究委員会編『高校生の自主活動と学校参加』（１９９８・旬報社）
広中健次・金子さとみ『学校はだれのもの!?――兵庫・尼崎東、京都・桂、埼玉・所沢高校ドキュメント』（１９９９・高文研）
藤田喜久『児童会の指導』（１９８２・あゆみ出版）
宮原廣司『生徒会の流れを君が変える』（１９８７・明治図書出版）
明治大学世代間政策研究所『20歳からの社会科』（２０１２・日本経済新聞出版社）
森田俊男・三宅良子・矢崎峻作編『自由と自治と高校生活――校則・「日の丸・君が代」・自主活動』（１９９１・労働旬報社）
両角達平『若者から始まる民主主義――スウェーデンの若者政策』（２０２１・萌文社）

## 一般社団法人生徒会活動支援協会

一般社団法人生徒会活動支援協会は、生徒会活動の本質的な意義に着目し、現在多くの中学校・高校で行われている生徒会活動がめざすべき「新しい生徒会」モデルを共有することで、日本の生徒会活動の質を向上させるとともに、学校だけでなく地域社会における「こども・若者参画社会」の実現をめざして2009年に設立されました。現在は高校生から社会人まで、幅広い年齢層の理事・運営委員が在籍し、活動を行っています。

生徒会の新たな可能性を模索し、「新しい生徒会」モデルを構築していくとともに、生徒会の優良事例を毎年表彰する「日本生徒会大賞」を開催して全国から応募いただき、その優良事例を全国の生徒会活動に共有しているほか、生徒会の全国大会である「全国生徒会大会」の開催、地域における生徒会団体の設立等支援、リーダー育成に向けた研修等の実施、生徒会に関する情報の発信などに取り組んでいます。

一般社団法人生徒会活動支援協会では、一緒に活動に取り組む理事・運営委員、及び活動をご支援いただける賛助会員を募集中です。気になった方は

HPをご参照ください。

**生徒会.jp**

一般社団法人生徒会活動支援協会が提供する「生徒会」に関するポータルサイトです。本書で紹介しきれなかった内容や、日々行われる新たな生徒会活動の取り組みなどについても情報発信していきます。日々の生徒会活動のヒントや、生徒会を活性化させていこうと考えている方の参考にご活用ください。

URL：https://seitokai.jp/

## 執筆者紹介・分担

**高橋亮平**（一般社団法人生徒会活動支援協会理事長／株式会社メルカリ経営戦略室政策企画参事）（はじめに、第1部第2章（1）（2）、第2部優良事例④・⑤・⑪・⑫、第3章、第3部、第4部第3章、第5章、第5部第1章（2）〜（6）、第2章、おわりに）

1976年生まれ。明治大学理工学部建築学科卒。千葉県立国府台高等学校生徒会長時に千葉県生徒会連盟創設。NPO法人Rights代表理事として18歳選挙権を実現。中央大学特任准教授、明治大学客員研究員、市川市議会議員、松戸市部長職、神奈川県・千葉市・熊本市でアドバイザー等を歴任。PPP財団客員研究員、株式会社ソーシャルフォワード代表取締役等。AERA「日本を立て直す100人」や米国国務省IVプログラムに選出。著書に『世代間格差ってなんだ』（PHP新書）、『20歳からの社会科』（日経プレミア新書）、『18歳が政治を変える！』（現代人文社）ほか。

**西野偉彦**（一般社団法人生徒会活動支援協会副理事長／株式会社第一生命経済研究所ライフデザイン研究部主任研究員／慶應義塾大学SFC研究所上席所員）（第4部第4章、第5部第1章（1））

1984年東京都生まれ。慶應義塾大学大学院政策・メディア研究科修士課程修了。専門は18歳選挙権・主権者教育・若者参画。松下政経塾（塾生・職員）を経て、2024年㈱第一生命経済研究所入社。神奈川県教育委員会で「小・中学校における政治的教養を育む教育」実践協力校連絡会座長、「シチズンシップ教育推進プロジェクト」会議座長を歴任。東京都立青山高等学校で生徒会長を務め生徒会規約改正を実施。国・自治体・学校での講演、メディア出演多数。

**猪股大輝**（一般社団法人生徒会活動支援協会常任理事／東洋大学助教）（第1部、第4部第1章、第2章、第3章(2)(3)）

1997年東京都生まれ。桐朋高等学校、早稲田大学教育学部卒、東京大学大学院教育学研究科修了。博士（教育学）。現在、東洋大学文学部助教。高校在学時は総務委員長（生徒会長）、首都圏高等学校生徒会連盟代表、生徒シンポジウム実行委員を務め、生徒会大会（首都圏）を立ち上げる。専門は教育史（生徒会成立過程史研究）、シティズンシップ教育。

**川名悟史**（一般社団法人生徒会活動支援協会専務理事）（第2部第1章）

2002年埼玉県生まれ。埼玉県立春日部高等学校卒、上智大学総合人間科学部教育学科に在学。高校在籍中は、生徒会会計、文化祭実行委員会会計局・ホームページ局長として活動。第8回全国高校生徒会大会経理部長を務めた。現在は、教育社会学や教育行政学を領域にジェンダーと教育について多方面から研究している。

**荒井翔平**（一般社団法人生徒会活動支援協会専務理事／日本シティズンシップ教育学会理事・事務局次長／笑屋株式会社アラムナイ事業部ディレクター）（第2部第2章(1)、優良事例⑨・⑩）

1991年東京都生まれ。東京都市大学環境情報学部環境情報学科卒業。東京薬科大学勤務を経て、現職。一般財団法人国際交流機構理事。生徒会広報誌ネットワークや生徒シンポジウム、多摩生徒会協議会、一般社団法人生徒会活動支援協会、一般社団法人日本学生会議所設立に携わる。

# 索引（50音順）

「新しい生徒会」の教科書──学校を変え、社会を変えるためのヒント

二〇二五年四月二〇日　初版第一刷発行

著者……………高橋亮平
西野偉彦
猪股大輝
一般社団法人生徒会活動支援協会

ブックデザイン……宮脇宗平
編集担当……熊谷　満
発行者……木内洋育
発行所……株式会社旬報社
〒一六二-〇〇四一　東京都新宿区早稲田鶴巻町五四四　中川ビル４Ｆ
TEL 03-5579-8973　FAX 03-5579-8975
ホームページ　https://www.junposha.com/

印刷・製本……シナノ印刷株式会社


ISBN978-4-8451-1961-5